前橋学ブックレット ⑮

# 南橘地区の筆子塚からみる庶民教育

南橘地区歴史文化活用遺産委員編

上毛新聞社
BOOKLET

## 目次

はじめに ...... 5

1　寺子屋師匠と筆子塚など
　（1）南橘地区の寺子屋の師匠一覧 ...... 10
　（2）寺子屋の種類 ...... 12
　（3）師匠の身分 ...... 13
　（4）師匠と寺子屋など ...... 14
　　1）小泉鏡豊（関根）
　　2）萩原禎助（関根）
　　3）養田鱗齋（関根）
　　4）天野桑古（日輪寺）
　　5）藍澤無満（上小出）
　　6）設楽八蔵（下小出）
　　7）塩原慎齋（田口）
　　8）粕川友平治（上細井）
　　9）渋川杲庵（龍蔵寺）
　　10）加々美養仙（龍蔵寺）
　　11）その他
　　　（船津倫平、各務大邦、関口保一郎、
　　　　永井宇八、堅者法印観廣、関口喜四郎、
　　　　関口勝蔵、山県保平）

2　筆子の活躍
　（1）粕川友平治門下の活躍 ...... 50
　（2）渋川杲庵門下の活躍 ...... 55
　（3）加々美養仙門下の活躍 ...... 56
　（4）設楽八蔵門下の活躍 ...... 57
　（5）藍澤無満門下の活躍 ...... 58
　（6）萩原禎助門下の活躍 ...... 70
　（7）養田鱗齋門下の活躍 ...... 72

3　出身地別門下生の数 ...... 73

4　庶民教育が果たした役割
　（1）寺子屋への通学状況 ...... 75
　（2）寺子屋での学習 ...... 76
　（3）師匠の学問・思想 ...... 78
　（4）門下生等の活躍 ...... 78

あとがき ...... 86

参考・引用文献 ...... 88

創刊の辞 ...... 90

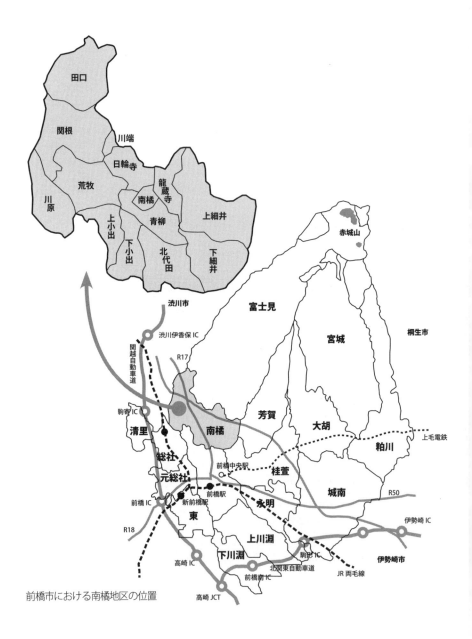

前橋市における南橘地区の位置

## はじめに

### 南橘地区とは

　南橘地区とは、前橋市の行政区の一つである。前橋市は昭和の大合併で、昭和29年（1954）4月1日に勢多郡上川淵村・下川淵村・同芳賀村・同桂萱村・群馬郡東村・同総社町・同元総社村を、同年9月1日に勢多郡南橘村をそれぞれ合併した。合併自治体の大字が前橋市になっての町名となり、合併自治体区域が前橋市になっての行政区となった。

　勢多郡南橘村は、明治の大合併で明治22年（1889）4月、南勢多郡の龍蔵寺村・上小出村・下小出村・北代田村・上細井村・下細井村・青柳村・日輪寺村・荒牧村・関根村・川端村・田口村と西群馬郡川原島新田が合併して誕生した。

　明治29年の郡制施行に伴い、南勢多郡と東群馬郡が郡分合して勢多郡となったので、勢多郡南橘村となった。「南橘村」は「なんきつむら」と読むが、「みなみたちばなむら」と称された。村名が橘山（たちばなやま）の山頂を境界に南側が「南橘村」、北側が「北橘村」と命名されたことによる。北橘村は「きたたちばなむら」を正式名称としてきたが、南橘村は音読みされ「なんきつむら」となった。また、川原島新田は大正6年（1917）川原と改称した。

　なお、南橘村が合併する前の昭和29年6月に上小出字やなば他9字と川原の字大泥が先行して前橋市に合併し、行政区としては南橘地区ではない。

　さらに、南橘地区には昭和36年（1961）から45年（1970）にかけて群馬県で最も早く本格的な住宅団地が造成された。市営住宅592戸、県営住

宅96戸、公営賃貸住宅20戸、これに伴い昭和37年に青柳町・日輪寺町・荒牧町の各一部から南橘町が誕生した。

したがって、現在の南橘地区は龍蔵寺町・上小出町・下小出町・北代田町・上細井町・下細井町・青柳町・日輪寺町・荒牧町・関根町・川端町・田口町・川原町・南橘町の14町で構成されている。

### 寺子屋と筆子塚（教育遺産）

寺子屋は江戸時代の庶民の初等教育機関であった。庶民の子どもたちは、生活に必要な「読み・書き・算(そろばん)」を学んだ。武士の子弟は各藩の藩校で学び、藩によっては官民協力の郷学もつくられた。

「寺子屋」の呼称については、次のように言われている。わが国では鎌倉・室町時代（中世）には庶民の子どもたちが、寺に入って僧侶から初歩的な文筆を学んだ。中世の寺院が世俗的な教育も担った。そこで、学童を寺子、入学を寺入(てらいり)・登山(とざん)、卒業を下山(げざん)と言った。このことが読み書きを教えるところを寺子屋と呼ぶようになった。

寺子屋のことを手習所(てならいじょ)、寺子のことを手習子(てならいこ)、または筆子(ふでこ)、筆弟(ひつてい)。師匠のことを手習師匠などと言った。寺子屋は江戸時代の中期から次第に発達し、幕末にはたいていの村には、1、2カ所の寺子屋が開設された。こうした寺子屋の普及が、近代学制の背景を成していた。明治5年（1872）に学制が発布されて、小学校が設立され初めて庶民が初等教育を受けられるようになったわけではなかった。

寺子屋は、現在の初等教育機関である小学校に相当するが、小学校は政府による中央集権国家づくりのため、上からの近代化によってつくられた。これに対して寺子屋は自然発生的に生まれた私設教育機関であった。この点に両者の最大の違いがある。

　筆子塚（筆塚）とは、師匠が亡くなると教え子たちが相集まって建てた墓のことである。師匠の遺髪や筆なども埋葬した。墓の台石の正面には「筆子中」「門人中」「筆弟連」などと刻まれ、まわりに筆子の名前が記されていることが多い。師匠の辞世が刻まれることもある。寺子屋の師匠が、筆子たちから敬慕されていた証しである。

　こうしたことから、寺子屋の建物、使われた教科書類、筆子塚などは江戸時代の庶民教育ばかりでなく、その後の近代教育を知る上での貴重な教育遺産といえよう。


**江戸時代の庶民教育調査**

　群馬県で寺子屋など江戸時代の庶民教育の本格的な調査が行われたのは、昭和11年（1936）に群馬県教育会が行った「群馬県庶民教育史調査」が最初のものであった。同会長・田部井鹿蔵の発案で、創立50周年記念事業として行われた。

　県下各市町村立小学校へ「群馬県教育史編纂資料庶民教育調査票（文献調査ニヨルモノ）」「同・寺子屋教育調査票（寺子屋教育ヲ受ケタ現存者ニ聞ク調査）」の調査票を配布し、調査結果を報告させた。その整理は敗戦

や群馬県教育会の解散によって、未完に終わり、戦後に群馬大学教授高井浩や高弟の柳井久雄らに受け継がれた。整理に当たった柳井が言うように、調査は地区（当時調査を担当した小学校教員や調査員）により精粗がある。

しかし、この調査結果を引き継ぎ、『群馬県教育史第一巻』（昭和47年）や各自治体で自治体誌や教育史が編纂され、その都度、補充調査が行われた。前橋市でも『前橋市史第三巻』（昭和50年）、『前橋市教育史上巻』（昭和61年）が編集された。

**本書のねらい**

南橘地区を含む前橋市域を対象にした庶民教育機関の調査は『前橋市教育史上巻』（昭和61年／1986）が最後となった。同巻刊行からすでに30年以上が経過した。その間、南橘地区では、道路、区画整理などにより、石造物である筆子塚の移設なども行われ、当時の面影をとどめないものもある。また、寺子屋、筆子塚など貴重な教育遺産に対する関心も薄れ、その存在を知らない人も多くなった。

そこで、南橘地区を対象に先行研究をもとに改めて悉皆調査をし、最新の調査結果を示すことにした。南橘地区では、文人の藍澤無満の開いた寺子屋があり、その門下生が寺子屋を開くなど、無満と教え子によって江戸時代末期の庶民教育の底辺的な広がりを確認することができる。また、これまでの調査では、南橘地区の寺子屋は16であったものが、さらに2つ発見でき、18であることも確認できた。

しかし、本書の最大の特色は、筆子塚に刻まれた筆子の追跡調査を行ったことである（寺子屋 18 のうち筆子塚 6）。従来の研究では、寺子屋の師匠、その教育内容や著名な教え子などに関心が集まり、寺子屋で教えを受けた子どもたちが、その後、特に明治維新後の近代国家形成期に、地域社会でどのような役割を担ったかについての調査はなかった。可能な限り、筆子塚に刻まれた教え子たちの動向・活躍を調査した。

　今年（2018 年）は明治維新 150 年の節目の年である。とかく、国家的レベルで語られがちな傾向にあるが、本書は、地域社会の先人たちの功績を筆子塚の調査から明らかにすることを試みた。

# 1　寺子屋師匠と筆子塚など

## (1) 南橘地区の寺子屋の師匠一覧

（前橋市教育史上巻（昭和61年3月10日発刊）から作成した。筆塚の表記を今回の調査に合わせ、筆子塚とした。

| NO | 村名 | 師匠名 | 身分 | 開始・閉鎖 | 教科目 | 備考 |
|---|---|---|---|---|---|---|
| 1 | 上細井 | 粕川織之助<br>友平治 | 農民<br>（名主） | 享保～明治初年 | 書・読・算 | 筆子塚 |
| 2 | 龍蔵寺 | 渋川杲庵（初代）<br>渋川杲庵（2代） | 医者 | 天保～明治初年 | 書・読・算 | 筆子塚 |
| 3 | 龍蔵寺 | 加々美能清<br>加々美輝忠<br>加々美棟幹<br>加々美朝奄<br>加々美孚昌（養仙）<br>加々美養仙<br>加々美養仙 | 医者 | 天和～明治初年 | 書・読・算 | 筆子塚 |
| 4 | 下小出 | 設楽八蔵 | 農民 | 安政～明治 | 書・読・算 | 筆子塚 |
| 5 | 上小出 | 各務邦大 | 僧侶 | 慶応？～明治初年 | 書・読・算 | |
| 6 | 上小出 | 関口保一郎 | 医者 | 元治～明治6年 | | |
| 7 | 上小出 | 藍澤無満 | 農民 | 文化～元治元年 | 書・読・算・俳諧 | 筆子塚、社中碑 |
| 8 | 関根 | 萩原禎助 | 農民 | 安政？～明治半 | | 数学者 |
| 9 | 関根 | 養田麟斎 | 易者 | 文政・天保～明治初年 | | 墓碑 |
| 10 | 関根金剛寺 | 小泉鏡豊 | 僧侶 | 天保？～嘉永 | | |
| 11 | 荒牧 | 関口喜四郎 | 農民 | 慶応？～明治初年 | | |
| 12 | 荒牧 | 関口勝造 | 農民 | 安政？～明治直前 | | |
| 13 | 荒牧 | 山県保平 | 武士 | 慶応～明治6年 | | |
| 14 | 日輪寺 | 天野桑古 | 農民 | | | 墓石 |
| 15 | 田口 | 塩原慎斎 | 医者 | | | 筆子塚 |
| 16 | 川原 | 永井宇八 | 農民 | 文政・天保～明治6年 | | 墓碑 |

平成28・29年に調査した寺子屋（一類、二類等の分類は「日本庶民教育史」石川謙の分類については12ページを参照）太ゴシックは新規のもの

| no | 村名 | 師匠名 | 身分 | 時期 | 教科目 | 備考 |
|---|---|---|---|---|---|---|
| 1 | 上細井 | 粕川織之助<br>粕川友平治 | 農民名主 | 享保～明治初 | 書・読・算 | 二類筆子塚 |
| 2 | 龍蔵寺 | 渋川杲庵（初代）<br>渋川杲庵（2代） | 名主医者 | 天保～明治初年 | 書・読・算 | 二類筆子塚 |
| 3 | 龍蔵寺 | 加々美能清<br>加々美輝忠<br>加々美棟幹<br>加々美朝奄<br>加々美孚昌（養仙）<br>加々美養仙<br>加々美養仙 | 名主医者 | 天和～明治初年 | 書・読・算 | 二類筆子塚 |
| 4 | 下小出 | 設楽八蔵 | 農民名主 | 安政～明治初年 | 書・読・算 | 二類筆子塚 |
| **5** | **下小出** | **船津倫平** | **農民** | **慶応～明治** | | |
| 6 | 上小出香集寺 | 各務大邦 | 僧侶 | 慶応？～明治初年 | 書・読・算 | 二類 |
| 7 | 上小出 | 関口保一郎 | 医者農民 | 元治～明治初年 | | |
| 8 | 上小出 | 藍澤無満 | 農民俳人 | 文化～元治 | 書・読・算・漢・俳諧 | 三類筆子塚 |
| 9 | 関根 | 萩原禎助 | 農民名主 | 安政～明治中 | 算 | 二類墓石 |
| 10 | 関根 | 養田鱗齋 | 易者 | 文政？～天保 | 算 | 二類墓石 |
| 11 | 関根金剛寺 | 小泉鏡豊 | 僧侶医師 | 天保？～嘉永 | 書・読・算 | 二類墓石 |
| 12 | 荒牧町 | 関口喜四郎 | 農民 | 慶応？～明治初年 | | |
| 13 | 荒牧 | 関口勝蔵 | 農民 | 安政？～慶応 | | |
| 14 | 荒牧 | 山県保平 | 武士 | 慶応？～明治6年 | | |
| 15 | 日輪寺 | 天野桑古 | 農民 | 文久～明治初年 | 書・読・算 | 二類墓石 |
| 16 | 田口 | 塩原慎齋 | 医者 | 文化～嘉永 | | 筆子塚 |
| 17 | 川原 | 永井宇八 | 農民 | 文化・文政～明治6年 | | 寺移転で不明 |
| **18** | **川原** | **堅者法印観廣** | **僧侶** | | | **筆子塚** |

寺子屋の数は今回の調整の結果『前橋市教育史』の16から18に増加した。

寺子屋の開設時期から閉鎖時期は、数代にわたるものと一代のものとが混在し、不明な点が多い。例えば、粕川友平治は、父織之助の後を継いだので、享保の開設はありえない。藍澤無満も代々寺子屋の師匠である点からは、この年代は、無満が開設した期間であり、継続したものとは思えない。それでも同じ時期に、どのくらいの寺子屋が並列していたかを、この表からまとめると天和〜享保年間（55年間）に2、寛政〜文化・文政年間（41年間）に3、天保〜嘉永年間（24年間）に7、安政〜明治初年間（15年）に14と、幕末から明治に近づくほど寺子屋数は多く開設されており、庶民自身が教育に対する必要性を求めていったことが分かる。


## （2）寺子屋の種類

　寺子屋の教科内容は、俗に読・書・そろばんといわれているが、その指導内容を一覧にした。寺子屋の分類は、まえがきで記した石川謙の分類による。
一類：読・書　　　二類：読・書・算　二類：算
三類：一類＋文化的教科（習礼、画、茶、謡）二類＋文化的教科
四類：和漢中心　　　五類：読・書・算＋実質的教養（裁縫、茶花）
　日本全体、勢多郡全体をみても一類、二類が中心である。南橘を中心にした隣接各地域も読・書・算の教科を中心に指導しており、一類、二類が中心である。富士見、芳賀、大胡、宮城、桂萱、前橋などは三類も多くみられる。南橘地区としては、二類が中心であった。不明が非常に多いが、全体的な傾

向から、一類、二類が多いと予測できる。

| 地区\類別 | 合計数 | 一類 | 二類 | 三類 | 四類 | 五類 | 不明 |
|---|---|---|---|---|---|---|---|
| 南 橘 | 18 | 0 | 33.3 | 5.6 | 0 | 0 | 62.5 |
| 旧前橋 | 25 | 23.5 | 17.6 | 5.9 | 0 | 0 | 52.9 |
| 富士見 | 27 | 25.9 | 18.5 | 22.2 | 0 | 0 | 33.3 |
| 芳 賀 | 15 | 17.6 | 17.6 | 5.8 | 5.8 | 0 | 52.9 |
| 大 胡 | 9 | 11.1 | 22.2 | 55.5 | 0 | 0 | 11.1 |
| 宮 城 | 11 | 33.3 | 44.4 | 22.2 | 0 | 0 | 0 |
| 粕 川 | 12 | 0 | 17 | 0 | 0 | 0 | 83 |
| 桂 萱 | 16 | 50.0 | 13.0 | 0 | 0 | 0 | 37.5 |
| 北 橘 | 30 | 20.0 | 30.0 | 0 | 0 | 0 | 50 |
| 勢多郡 | 136 | 25.6 | 23.4 | 9.2 | 0.4 | 0 | 41.1 |
| 日 本 |  | 65.7 | 28.8 | 1.1 | 2.4 | 1.8 | 0 |

（合計数は人数）　　　　　　　　　　　（類別の数字は％）

## （3）師匠の身分

　師匠の身分は、全体的に平民、僧侶が多く、場所により医者や武士なども多くなっている。旧前橋は武士が多い。南橘地区は、農民が、勢多郡、富士見、芳賀ともに4割を超える。日本全体では、平民、武士、僧侶、医者が上位を占めているが、武士以外は勢多郡、南橘地区も同様な傾向にある。勢多郡や他の地域も農民、僧侶の身分が多い。

## (4) 師匠と寺子屋など

| 地区＼身分 | 合計数 | 武士 | 農民 | (名主) | 商人 | 僧侶 | 神官 | 医者 | その他 | 不明 |
|---|---|---|---|---|---|---|---|---|---|---|
| 南 橘 | 18 | 6 | 50 | (11) | 0 | 17 | 0 | 22 | 6 | 0 |
| 旧前橋 | 25 | 52 | 8 | (4) | 0 | 28 | 4 | 0 | 4 | 4 |
| 富士見 | 27 | 17 | 60 | (33) | 0 | 17 | 0 | 0 | 3 | 3 |
| 芳 賀 | 15 | 0 | 73 | (20) | 0 | 13 | 7 | 0 | 0 | 7 |
| 大 胡 | 9 | 0 | 22 | (22) | 0 | 57 | 0 | 0 | 22 | 0 |
| 宮 城 | 11 | 0 | 22 | (22) | 0 | 11 | 22 | 33 | 0 | 11 |
| 粕 川 | 12 | 0 | 17 | (17) | 0 | 50 | 8 | 25 | 0 | 0 |
| 桂 萱 | 16 | 13 | 56 | (19) | 0 | 25 | 0 | 0 | 7 | 0 |
| 北 橘 | 30 | 3 | 67 | (20) | 0 | 17 | 3 | 3 | 7 | 0 |
| 旧勢多郡 | 136 | 4 | 43 | | 0 | 21 | 4 | 7 | 4 | 17 |
| 日 本 | | 25 | 40 | | 0 | 16 | 7 | 10 | 2 | 0 |

（合計数は人数）　　　　　　　　　　　　　　　　（身分別の数字は％）

### 1）小泉鏡豊

①寺子屋の所在地　　前橋市関根町16　金剛寺境内

②墓の所在地　　前橋市関根町16　金剛寺境内

③小泉鏡豊の墓石

　・正面　小泉玄医士

④筆子塚　なし

⑤筆子といわれている門下生

　東福寺（前橋市）照豊

⑥小泉鏡豊の人なりと活躍

姓の小泉は出生地を表している。邑楽郡小泉村小泉（現・大泉町）で生まれた。明治初年に金剛寺は火災に遭い、全焼した。その後、新田郡のある寺から金剛寺に招かれ、住職となった。金剛寺では、寺僧の教育の一方で、村人たちから請われ、子弟に漢学を指導していた。

「群馬県庶民教育（寺子屋）調査報告」の中の聞き取り調査には、寺子屋の開設は、天保年間か？〜嘉永年間か？とあり、南橘村誌の記述とは30〜40年のずれがある。寺子屋の開設時期はどちらかが誤りであるのか、小泉鏡豊がもう一人いたのか不明である。

戒名に医士がついているところから、住職、寺子屋の師匠の傍ら医業も行っていたことが分かる。

小泉鏡豊の墓

## 2）萩原禎助

①寺子屋の所在地　前橋市関根町1-17　当主萩原義夫氏宅

②萩原禎助墓所在地　前橋市関根町16
　　　　　　　　　　金剛寺墓地内

③萩原禎助の墓

　・竿石正面　算教院壽德明阿居士

長鏡院禎室妙阿大姉

④筆子塚　なし

⑤萩原禎助の筆子といわれている門下生

　角田金五郎（小坂子）、光又寅之助（茨城友部）、青木與三郎（嶺）、須田浅造（敷島）、須田伝四郎（敷島）、浅田小藤次（敷島）、須田權之丞（敷島）

⑥萩原禎助の人なりと活躍

　「蠡管算法」の中で、川北隣識が序文で、禎助を紹介している。

塚萩原禎助の墓

　名は信芳。禎助は通称、字は徳郷湖山と号した。関根村の農家に文政11年（1828）に生まれた。萩原禎助は、非常に計画的に修行を行った。9歳〜14歳　村の金剛寺住職小泉鏡豊に普通学（書・読・算か？）を学んだ。14歳〜19歳　村の養田鱗齋にそろばんの八算見一（割り算）より開平（平方根を求める）、開立（立方根を求める）まで学んた。19歳〜24歳　藍澤無満に師事し、和漢学を修めた。また、俳句や短歌などの指導も受けた。

　農業をもって家職とした。幼くして、父を亡くし家業を継ぎ、傍ら農業に1日を費やした。嘉永4年（1851）から、西群馬郡板井村（現・玉村町）の和算家・齋藤宜義に師事し算学を研究した。一年前に船津伝次平（冬扇）が入門しており、伝次平が、萩原禎助の面倒を見たとのことである。

　入門して10年後の文久元年（1861）に、齋藤宜義から関流算額免許を

皆伝された。その翌年『算法方円鑒』を、4年後の慶応2年（1866）には『算法円理私論』を出版し、算学者として有名になった。

　和算研究家の権威小倉金之助理学博士が禎助を「最後の、そして最高の和算家」と称している。なお小倉は大阪医科大学（後の大阪大学医学部）の教授や東京物理学校（後の東京理科大学）の理事などを務め、「数学教育の意義は、科学的精神の開発である」と強く訴えた数学者であった。

蠢管算法

　安政年間（1854〜1860）〜明治中期まで寺子屋を開設し、近隣の子弟や、算学を学びに来る人たちを指導した。禎助の指導は厳しく、門人は少なかった。免許を与えられたのは、須田浅造一人だけといわれている。禎助の指導は、門下生に2〜3回教えても分からないと、後は自分で考えろと突き放し、それ以上は教えなかった。これは、今井善一郎の著書『炉辺郷談』の中で、「算者の逸話」として語られている。一人の算学者が、禎助のもとを訪れ、15日間滞在した。禎助のもとを去るとき、算題を一つ置いていった。その題を解することができず、13年かかって解いた。このことを、子弟に対し、根気が大事であることを自己の体験談として語っている。この客人は、安芸国（広島県）の和算家法導善寺和十郎だといわれている。禎助は法導善寺和十郎に文久元年（1861）から師事していたとの記録もある。

　禎助の没する10年ほど前に、常陸の国（旧茨城県友部町、現笠間市）の

光又寅之助が、旧赤城村下南室の蚕種商の下田安五郎の紹介で、禎助の門下に入った。光又に対しては、彼の質問のはがきや書簡に、丁寧に応えている。

　数学研究の傍ら俳諧や和歌を楽しんだ。明治35，6年頃新聞社の応募に応じて読んだ、春夏秋冬4首の中の一つの和歌がある。

　「山かげの　裾野の雪は　消えなくに　はや立初る　朝霞かな」

　禎助にとっては、和歌を作ることも、数学の問題を解くことも、基本的に同じであり、考える楽しさ、面白さがあったようだ。

　禎助は、明治11年に原之郷小学校教員となり、翌12年には群馬県師範学校の教員となった。

　明治17年には尋常師範学校、尋常中学校のため、イギリス正統派「初期幾何学教科書」を作成した。東京帝国大学理学部菊池大麓教授に招かれ、和算の調査を行い、「本朝算書目録」をまとめた。数学の研究や、小学校から大学までの指導を通して、幅広く、教育界に大きな功績を残した。


### 3）養田鱗齋（養田安兵衛）

　①寺子屋の所在地

　　関根村の安兵衛の自宅（場所は不明）。

　②鱗齋の墓所在地

　　前橋市関根町16　金剛寺墓地内

　③養田鱗齋の墓石

竿石正面
・龍鱗院楽翁賢常居士福寿位
　華臺院蓮乗恵輪大姉寿之位
左側面
・嘉永六年癸丑五月十七日
・養田安兵衛先妻禾埜宿枡屋伊右エ門叔母
　俗名　於由
　台座
・天眼鏡、算木、筮竹が彫刻されている。

養田鱗齋の墓

④筆子塚　なし
⑤養田鱗齋の筆子といわれている門下生
　萩原禎助（関根村）
⑥養田鱗齋の人なりと活躍

　養田鱗齋は、幼名を安といい、号を鱗齋と称した。下野国小俣村（現・足利市）の生まれで、最上流算学者大川茂八郎に師事し、算学を学び、関根村の自宅で、文政末年〜天保初年（1830頃）まで、寺子屋を開設していた。鱗齋の寺子屋では、普通八算

天眼鏡、算木、筮竹

見一、利息までしか教えていなかったが、萩原禎助には開平・開立計算ま

で教えた。

　鱗齋は明治9年7月2日に81歳で没した。竿石に刻まれている天眼鏡、算木、筮竹は易占いに使用する道具である。


## 4）天野桑古

①寺子屋の所在地

　前橋市日輪寺町134の自宅

②桑古の建立した芭蕉句碑の所在地

　前橋市日輪寺町菅原神社境内

　桑古が建立した芭蕉の句碑が残っている。

　古池や　蛙飛び込む　水の音

芭蕉句碑

　この句は、無満の「俳林句話」の中で、無満をして、芭蕉の最高作品と言わしめた。正岡子規とその価値について、無満との見解の相違が出ている。句碑は句の情景が出ているところに建てることと言われており、当時はそれにふさわしい場所であったのであろう。

③墓の所在地

　前橋市日輪寺町138　天野家墓地内

④筆子塚　なし

⑤墓

　・正面　養肘院顕雅桑古居士

・右面　辞世

　　おそき日の　影もはやなし　散る桜

⑥天野桑古の人なりと活躍

天野桑古の墓

　桑古は、文政11年（1828）5月11日に日輪寺村に生まれ、明治30年4月3日、自宅で逝去する。享年70歳。幼名は國三郎、名は景置である。号を養志軒又橘山居士と称した。桑古は俳名である。

　曩祖(のう)天野遠景は、源家に属した。その後天野景隆は徳川氏に仕え、寛永年間（1624～1644）に、天野太郎右衛門の時、日輪寺に土着した。4世善助は商業に精をだし、家産も大きくした。桑古はその5世の孫で、父は茂兵衛といい、松平侯に仕えた。

　和漢百科の学に関わり、特に詩文に優れ、俳諧は最も好んだものである。藍澤無満、富処西馬に師事し、俳諧を修めた。明治期上毛俳壇の代表といえる俳人である。俳句は芭蕉の流れをくみ、元禄の頃の芭風俳諧に戻そうと努力した。また、正岡子規の新しい俳句を受け、写生風のものも見られる。

　文久2年（1862）～明治初年まで、自宅で寺子屋を開設し、書・読・算を教目として、子弟に教えた。

　『南橘村誌』には、明治維新の初期には率先して村人を督励し、日輪寺学校を設立し、自ら教鞭をとって、維新に努力する教育を行った。明治憲法が公布されるに当たり、桑古は平素の抱負を述べ、機会到来と奮然と立ち

上がり、勤王正義の士を鼓舞し、軍備を拡張し実業を奮い起こすことの切要と、対外政策の確立が急務であると唱えた。

　明治6年桃川（日輪寺）小学校設立伺いに、同じ無満の筆子の萩原孫九郎と共に結社人としての名を連ね、小学校の設立に力を注いだ。また、自らも教鞭をとり、子どもたちの教育に携わった。


## 5）藍澤無満

①寺子屋の所在地

　正確には不明である。香集寺裏に、かつて天神山という小高い山があり、天神山の麓から上小出町三丁目の北端の三差路（前橋市上小出町三丁目31付近）の麓に無満の庵があったといわれている。

②無満の筆子塚・賀莚記の所在地

　前橋市上小出町三丁目1-13　香集寺境内

　昭和50年の区画整理により、寺子屋があったとされる場所から、香集寺境内の現在地に移転された。

③無満筆子塚

・正面

　青木如園の筆による書籍を手にした無満の肖像。無満の自筆で、「八一翁」と自書がある。和歌は「枝ならず　かぜはみやまの　おくも吹く　よし世の

藍澤無満筆子塚

中にみやおほわん」とある。

・裏面　　蓼園先生瘞筆之地

④筆子名

宮下房次郎　宮下英吉　宮下房吉　関口願蔵　関口兵次良　関口比左次郎　設楽八蔵　関口金陵　金子真幸　今井善三郎　今井芳藏　今井善十郎　関口傳輔　関口里よ女　関口和蔵　関口和四郎　中嶌文吉

無満賀延記

中嶋徳太郎　中嶋三郎二　中嶌近造　中嶌林助　新井吉兵衛　新井忠作　新井熊作　橋爪鍋蔵　橋爪きせ女　橋爪ほう女　橋爪かつ女　橋爪伴蔵　中嶋亀五郎　中嶋弥三郎　中嶋多三郎　塘桂次郎　塘林兵衛　塘桂造　関口啓蔵　関口松太郎　関口次兵衛　綾谷芳藏　綾谷半女　中嶌甚八　中嶌小七　関口繁造　関口澤蔵　金澤新造　金澤幸三郎　藤川藤助　狩野福蔵　藤井和忠太　藤井芳造　町田新助　嶌田戌吉　嶌田関蔵　嶌田和十郎　小林文五郎　小林よ女　塘竹蔵　塘源造　塘猪七　中嶋吉蔵　中嶋喜一郎　唐政吉　塘助蔵　塘ま起女　高橋辰次郎　高橋傳次郎　高橋傳八　高橋與七　塘音吉　塘梅吉　中村真□　中村太作　中村半蔵　中村清久　藤重七造　藤重吉蔵　藤重三代造　新井太十　新井小太郎　藤重長蔵　藤重千兵衛　萩原茂三郎　萩原竹次郎　萩原千三郎　萩原養之助　萩原基介　中嶋菊造　中嶋近太　中嶋真造　中嶋長吉　中嶋文五郎　中嶋幸之助　関口幸吉　関口幸太郎　近関せき女　関口喜三郎　関口實介　関口茂兵衛　関口多三郎　中嶋林五郎　中嶋磯吉　中嶋東女　中嶋辰五郎　中嶋米作　関口鶴吉

関口源吉　関口勝藏　関口與作　宮下利根五郎　山田みさ女　中嶋左十郎　中嶋左仲　中嶋喜十　関口牧太　関口兼造

**江戸**　三田嘉衛

**栃木**　小宮半兵衛

**前橋**　塘茂吉

**江木**　早田祐輔

**芳町**　横川傳蔵

**三俣**　兼子鶴五郎

**横室**　萩原波之烝

**大胡**　大塚伊三郎

**田嶌**　狩野弘助

藍澤無満自画像

**家族**　藍澤謙助　藍澤富吉　藍澤譲介　藍澤源佐　藍澤隆輔　藍澤菊女　藍澤藤女　藍澤太左エ門　藍澤藤介　藍澤信輔

萩原泰正　荻原孫九郎　五十嵐嶺吉　関口松太郎　中村十兵衛　中嶋左兵衛　小林長吉　関口泰　輔　関口恒蔵　根井英三郎

　碑には家族10人、県外2人、周辺町村7人、南橘地区125人の名が刻まれている。125人のうち、家族を除く92人が上小出村の教え子たちといわれている。苗字から南橘地区を中心に、富士見、芳賀、桂萱、前橋、大胡他から学習に来ていた。特に、他の寺子屋と違うことは、県外に筆子がいることである。前橋藩とのつながり、無満の勤王思想とのつながり、後述する俳諧とのつながりなどの要因が筆子の広がりをつくったのであろう。

・筆子塚に名前がない門下生

天野桑古　上村季撰　狩野周兵衛　栗原才兵衛　齋藤桂三　塩原和中　角田松太郎　萩原禎助　奈良一徳斉

⑤蓼園社中碑

　蓼園社中碑の位置

　　前橋上小出町二丁目 21　小出神社境内

　蓼園社中碑も、筆子塚・賀莚記と同じ場所から、同じ経緯を経て小出神社に移転された。

・正面　蓼園社中　門下名（門下 51 人の名前）碑文は戸部寥風による。

　蓼園社中碑

知足凡水　川藩誉焉（？）信□概酔　明窓一笛　根井羅明　紫堂泰樹　曳木宇英　小菅柳水　飯塚寥雨　石金逸燕　八高之明　都丸都英　萩窪佳之　桜庵芳山　品川古川　舩津完車　品川夢成　角田知？　笛木光秋　萩原可朴　品川甫門　天川無外　玉村清光　須田文樹　須田玄外　筏舎流水　笛木光秋　嶋田霞耕　山水花交　岡田莨平　高橋亥馬　三曲巴游　藤井素兆　関口蘭堂　根井ミク　楓堂幻亜（小渕幻亜　多伝園幻亜）　清細可交　聞蛙岷水　天籟舎篁嘯　萩原松川　蛭川雨柳　藤井此雪　萩原桃水　曲堂梨岱　涌玉士云（角田士云）　高橋桃涯　関口茶邸　七草安甫　白庵午麦（船津伝次平冬扇の父）　橘陰舎行雄（根井行雄）　戸部寥風

・社中参加者の出身地域

　上小出、下小出、荒牧、関根、川端、田口の各村の合計は 7 人であり、

南橘地区以外がほとんどである。富士見地区（原之郷、米野）、北橘地区（箱田）、赤城地区（津久田、猫、持柏木、勝保沢、棚下）、前橋、子持地区（中郷、上白井）、永明地区（上大島）、長野県等46人、不明13人である。

蓼園社中碑

・蓼園社中碑に名前がない門下生

天野桑古　新井乙瓢（碧桃舎乙瓢）　今井善三郎（兼明）　生方白園　生方文樹　栗原才兵衛　香川僖丸（杏林舎僖丸）　後藤文右衛門（錦秋）　齋藤梅南居（斎藤近三）　佐藤不磷　船津伝次平（冬扇）　松永乙人

蓼園社中に名前がないが、小六月集に掲載されている門下生名は、上記名を除くと以下のような人がいる。

南甫　一秀　林甫　東英　梅洲　柳光　逸塵　三明　徳隣　晋歩　綾雄　一勢　庄水　佐竹　亜白　乙音　得居　五至　老游　銀竹　南谷　専和　砂白　蚊翼　義扇　盧堂　寿桂　可水離　米人　同人　雨竹

・出身地　分かる者は以下のようである。

**上久屋（現沼田市）** 松永乙人

**上白井村（子持村、現渋川市）** 後藤文右衛門（錦秋）　山水花交　清細（生方）可交

**白郷井村（子持村、現渋川市）** 楓堂（小渕）幻亜

**北牧村（子持村、現渋川市）** 徳隣　晋歩

三原田村（赤城村、現渋川市）盧堂　寿桂　可水離　米人　樽村　乙音

見立村（赤城村、現渋川市）得居　五至　老游　銀竹　南谷　雨竹

宮田村（赤城村、現渋川市）一勢　庄水　佐竹

上野村　亜白

猫村（赤城村、現渋川市）明窓一笛　高橋桃涯

横堀村（子持村、現渋川市）佐藤不磷

滝沢村（赤城村、現渋川市）専和

勝保沢村（赤城村、現渋川市）砂白　蚊翼　義扇　涌玉士雲（角田志雲）

下田沢村（黒保根村、現桐生市）　新井乙瓢

敷島村（赤城村、現渋川市）香川僡丸（杏林舎僡丸）

原之郷村（富士見村、現前橋市）白庵午麦　冬扇（船津伝次平）品川古川　舩津完車　品川夢成

箱田（北橘村、現渋川市）根井（橘陰舎）羅明　高梨宣信　天籟舎（藤井）篁嘯　聞蛙亭岷水　戸部寥風

日輪寺村（南橘村、現前橋市）　天野桑古

関根村（南橘村、現前橋市）萩原可朴（禎助）

前橋藩士　栗原才兵衛

　無満門下生を、寺子屋と蓼園社中と分かる範囲で区分けをしてみたが、区別が難しく、両方に関係している人が多く、蓼園社に南橘地区では、7人が参加していることは前述したが、ほとんどは南橘地区外である。その他、上白井、箱田、原之郷、津久田、猫、前橋、上大島、米野、田口、持

柏木、勝保沢、棚下、中郷、沼田、信州等、旧富士見村、旧北橘村、旧赤城村、旧子持村、沼田市などが中心である。俳諧・詩歌の門下生は、利根川の東側を中心に前橋から北方の人々であり、その地域の人々との俳諧詩歌の付き合いであったことが分かる。

・裏面　　句碑　　「庵の蚤　ひと跳はねで　草の中」

⑥藍澤蓼園翁賀莚記

　文章は、惜陰老人（未考）が選び、書は戸井田研斎が書いた。戸井田研斎は前橋藩士で、藩士に漢学を指導をしていた。漢詩や書道にも造詣が深く、無満とも親しく交際をしている。

　『賀莚記』は無満の米寿を祝って賀宴を開き、その様子を書いたものである。多くの者が、遠方からも集まり賑やかな祝いが行われ、88歳なのに壮年のように足腰はしっかりし、細い文字も書いている。100歳の祝いもできるなどと記述してある。

⑦藍澤無満の人なりと活躍

　藍澤家は伝承によると、祖先は相模国藍澤の郷士だが、明暦3年（1657）に越出山香集寺が再建された時、建長寺から遣わされた僧の後見人として、高橋家と一緒に上小出村に移住した。無満はその5代目の子孫に当たる。安永7年（1778）2月24日に父、藤右衛門政治の長男として上小出村に生まれた。幼名は茂造、藤右衛門と称した。藤右衛門の名は、代々受け継がれている名前である。父は寺子屋の師匠で、村の子弟の手習いを指導した。

　無満は文化年間（1804～1818）～元治年間（1864～1865）頃まで、

寺子屋を開設していた。元治元年（1864）に没したが、この生と没が無満の年齢に問題を投げかけている。無満の墓碑の生と没から見ると数えで87歳となるが、無満の自画像には九十歳と記している。91歳、89歳、88歳ともいわれている。無満が2歳の時、母が亡くなり家が窮乏していたので、八崎村（現・渋川市）の某宅へ寄寓し、九歳の時荒牧村の関口長吉の酒造りの家に奉公に出された。その間、砂と釘で勉強していた姿と、後に無満が詠んだ「雪の日や　あれも人の子樽拾い」から、樽拾いをするような極貧の家庭といわれている。酒屋での子どもの仕事としては当たり前である。香集寺の後見人であり、寺子屋を開設しながら、農業に従事していた家が、本当に極貧の家であったかは、不明である。成人後の無満の家は、村役人に任じられたり、大地主になっていたり、金貸しまでしていたようで、極貧のイメージとはギャップが大き過ぎる。

　無満は行妙上人（前橋養行寺の僧、江戸本郷の本妙寺の住職の後、養行寺に移った。博学で、和歌に長じていた）から国学と和歌を学び、漢詩文は水戸の漢学者藤森天山（弘庵、大雅堂）に学んだ。また、俳諧は主に無耳庵蓮阿や乙二に指導を受けた。乙が付く号が多いのも、乙二の影響の強さが表れている。俳諧を習得し、学び続けた。

　書道は誰に学んだか不明である。求められるとすぐに求めに応じた。臨終の間際まで筆を離さなかったといわれている。多くの自画像の書画が残された。このほか儒学、神道、仏道の三道にも造詣が深く、多方面のリーダーとしての資質を持っていた。

無満は、書画、俳諧などにいろいろな号を持っている。初めの号は、勢多郡小暮村（現・前橋市富士見町）の須田又八お抱え師、道彦先生の下で数年修行し、17歳で初めて、乙麿の俳号をもらった。生涯で名乗った号を羅列すると、次のようになる。

　乙麿、乙満、東寧、一滴、大年、丹丘、赤城樵者、羅庵主人、乙丸、蓼園、多伝園、無満などと多くの号を使った。

・寺子屋での指導

　無満の指導の特色は、大きく二つに分けられる。一つは近隣の子弟を集め、寺子屋での指導であり、ここでは、書、読、算、俳諧等三類を指導し、国学、儒学、神道からの思想教育などを、未来を託す子どもたちに教育した。寺子屋で特に特質されることは、「上小出往来」を使用しての教育である。往来ものは普通、村の概観や風物や歴史などが書かれ、村の様子が分かるように書かれている。しかし、「上小出往来」には、村の概観の他に、年貢をいかに軽減させるかが書いてある。氾濫で田畑に泥が流入して作物ができない。灌漑の水がなくなった。洪水で堰が壊れた。浅間の噴火で、田畑がだめになったり、火事で家が焼けたりしたなど、さまざまな理由で年貢の減免を慣行化させていく「諸引歩」の方法を、大人たちには無論のこと、未来の村を担う子どもたちに教えた。これらの方法は、田において16％、畑において6％の減免を引き出している。

　また、村人たちには、畑作を奨励した。畑の税は現金での支払いだが、米と比べると税率がずっと低いことや畑に桑を植えることを奨励し、蚕を

育て繭や生糸にして売った。これは税は低いし、現金収入にもなる。農村に貨幣経済が浸透していた時代だから、農家にとって大変都合のよいことであった。

　また、「学校の材を諸君子にもとむること葉」を知人、友人に送り、学校の建設を呼びかけた。その甲斐があって、学校設置が成就した。また、「学校へ書籍の寄付をねがうこと葉」で同様に知人、友人に呼びかけ、学校の備品としての書籍類の収集に努めた。教育と研究のための学校と附属する図書館の建設は、文化教育活動において、必要不可欠と考えたのである。近代の学校教育と同様なことを行った。

　残念ながら、「今井善一郎著作集」の中で、「安政5年（1858）2月20日、筆子塚完成の祝宴の夜、火災が起こり、学校も収集途中の書籍類も全て、焼失してしまった」とある。

・俳諧での指導

　もう一つは、俳諧の道である。俳諧は大人たちを中心に、蓼園社中の結成とその後の活動を利根川東岸を中心に、前橋から利根・沼田地方まで広げて活動した。

　無満の詩歌に対する考え方は、無満の死後、明治19年に門下の船津冬扇が、無満の句183句を収めた「蓼園無満発句集」の序に、斎藤近三（梅南居）が残している。師無満が常に次のように述べていたとして記述している。

　「俳諧を為すも俳諧師たるべからず。詩を作るも詩人たるべからず。詩歌連俳は、世の雕蟲小枝のみ、玩具のみ英雄の顧みざる所である。然し、泰

平を潤色し、名を後世に朽ちざらしむるものは、また詩歌連俳である」。ここから、無満の詩歌連俳に関する考えが分かる。詩歌連俳は本業としてはならない。正業に励み余暇に文芸を楽しむことを説いた。

　無満の門下で俳諧師になったのは、小渕幻亜（楓堂幻亜）ただ一人である。幻亜が山に入り、木を伐採していて足を挫き、身の不具を嘆いた失意の報告を師に行った時、無満は「吾は足を挫きて、心を挫かざるを喜ぶ。人、心を挫く時は、万事休す。心だに挫かざれば、両足を挫くとも尚なすべし。一足なんぞ憂うるに足らん」と弟子に手紙を送った。幻亜はこの手紙にますます発奮し、苦学を続けたとのことである。

　幻亜が、師匠の無満の話を編集した「俳林句話」の中に、「今の俳諧は俳諧を施業としていて、点取り俳諧が世にはびこっている。詩歌連俳は蕉翁の骨髄をさがし、元禄の頃に立ち返り、遊ぶ俳諧にする。なかには、そろばんをもって、点料を受け取る者もいる。卑しきことの限りである」と述べている。

　また、「麻のミ」で根井行雄が屁を読むことについての無満の考えを記している。それによると、其角の「何にやつか　ひりさらしたる　道の糞」をあげて、屁を雅文の俳諧において、いかに吟ずるかの論戦になった。雅俗の境をいかに弁ずるべきか、と師に質問があった。無満は、「題には経あり、緯あり、言葉にも竪あり、横あり、姿にも縦横あって悉く其の雅俗を分けなければならない。歌を詠む題の縦横とは、桜、鶯、雪、紅葉等々の雅やかなものが縦であり、雑煮、冷汁、炬燵等々は横の言葉となる。縦の題を

得て句を作るときは、横の言葉を持たせて作れば、歌のぬめりが落ちる」。雅、俗の一方だけでなく、両者の要素が不可欠であるとした。無満の屁の句にはこんなのがある。

　　　稚児の　屁をもてはやす　花見哉

　花鳥風月の雅を主体にした俳諧詩歌に対し、民衆の生活から生み出される俗を主張した。

・無満の思想や科学的な考え

　「平田篤胤が復古神道を主宰する立場から、民衆を教化するために、当面の敵を仏教として禅僧とその同調者の道学者などを攻撃した」

　これに対して無満は、「儒・仏の排斥は、儒・仏も神明の尊徳をないがしろにするものでなく、神道と儒・仏は車の両輪のようなものだ。本居宣長や平田篤胤は儒学の古典で学問し、技量を磨いた。己の名前に漢字を用い、それを使って儒・仏を攻撃するは、獅子身中の虫というものだ。今や神国としても、儒・仏を退けては一足も進み難し」と述べている。

　また、狐付きや天狗についても篤胤の鬼神・幽宴論を批判した。特に従兄弟の狐付きについては、心の病であると述べている。

　本居宣長や平田篤胤との神教と儒教・仏教の考え方の違いを見ても、神道・仏教、儒教にも詳しかったことが分かるし、物事を科学的な見方で見ていたことも分かる。特に明治になってから官撰神主たちの多くが、無満の門下であったことからも、神道への造詣の深さが分かる。

　無満は国学の研究の過程で、勤王運動と結びついていった。藤森天山（弘

庵、大雅堂）は、初めは儒者だったが、勤王の考え方になり、無満とのつながりを深め、前橋方面に再三来訪した。無満との交わりで、根井行雄や天野桑古も勤王運動と関わった。

　無満の教育は、子どもたちへの教育、大人たちへの俳諧・詩歌という分野での教育、その両面を指導するのに、国学、儒学、神道、科学的合理的な見方や勤王思想をも入れ、門下の者たちに指導したといえる。


6）設楽八蔵
　①寺子屋の所在地
　　前橋市下小出町一丁目25-12の現「ともえ学習塾」駐車場
　②筆子塚の所在地
　　前橋市下小出町二丁目　下小出霊園内
　　もともとは下小出町赤城神社境内の東側に建立されていたが、区画整理のため、現在の位置に移築された。
　③筆子塚の現況
　・竿石正面（東側）　圓禅養安居士
　　　　　　　　　　　寛池妙連大姉
　・竿石右側面（北側）　設楽八蔵
　・竿石左側面（南側）
　　　明治二十一年戊子年六月五日歿　行年

設楽八蔵筆子塚

七十三

・竿石左側面（南側）　設楽つま？

　　安政五戌午年五月二十二日歿

　　　　　　　行年三十九

・台石正面　筆子中　・台石裏面　明治二十九年九月建之
・台石左側面（南側）　筆子名　・台石右側面（北面）筆子名
④筆子名

　　**下小出村**　藤井清十郎　桑原乙衛　町田金太郎　船津市郎　小管佐金太

　　　　　　町田丈助　杉田直八　藤井與三郎　町田長吉　藤井永三郎

　　　　　　藤井新作　町田孝三郎　藤井森造　藤井勝次郎　藤井嘉十郎

　　　　　　設楽彦衛

　　**前橋榎町**　深谷源次郎

　　**下細井村**　中野嘉平次

　　**上細井村**　粕川贈多

　　**萩村**　　嶌田貞造

　　**国領村**　嶌田源造　島田弥四郎

　　**亀里村**　角田磯吉

　　**玉村町**　木島甚平

⑤筆子塚に名がない筆子

　　船津倫平（下小出村）

⑥設楽八蔵の人なりと活躍

文化13年（1816）8月8日、下小出村名主設楽七右エ門の長男として、生まれた。上小出村の藍澤無満の筆子となり、教えを受けた。

　安政年間（1854～1860）に寺子屋を開設し、明治6年（1873）に廃業するまで、下小出の子弟を中心に近隣町村の子弟を指導した。書・読・算の3教科を中心に40人ほどの子弟が学んでいた。筆子たちの中からは南橘村村会議員や寺子屋の師匠などが生まれている。

　明治21年（1888）6月5日に没したが、子弟は師匠の遺徳を偲び、筆子塚を建立した。

## 7）塩原慎齋

①寺子屋の所在地

　前橋市田口町208　当主塩原健男氏宅

②筆子塚所在地

　前橋市田口町215付近

③筆子塚

　四段の台石の上に四足を付けた台を置き、その上に竿石を置いてある。

・竿石正面

　賢良蓮隆慎齋医士

他の三側面は不明である。

・台石三段目正面（西面）

塩原慎齋筆子塚

筆子連

・台石三段目裏面（東面）

當田口邑　塩原佐仲　復稱眞齋

于時嘉永五壬子年秋八月十三日

門生萬聚而于茲碑建

　台石の他の三面は文字が刻まれていたが、風化のために読めないのか、もともと刻まれてないのか不明である。建立年月日等がはっきりと読めることから考えると、門下生の名は刻まれなかった可能性が強い。

④筆子塚の筆子名

　な　し

⑤慎齋の人なりと活躍

　塩原慎齋の死後、筆子が現在地に筆子塚を建立した。筆子塚の南隣の薬師様は、筆子塚が建立された日に、もともとあった三辻から筆子塚の南に移動された。慎齋が医師であったことは、戒名に医士がついていることから分かる。薬師様を筆子塚の隣に移動したのは、このことが関係しているのであろう。

　慎齋は田口村に生まれ、幼名を左中、江戸で医学を学び、自宅に戻り、医業の傍ら、文化3年（1806）から嘉永年間まで寺子屋を開設していた。家伝薬に下痢、やけど、梅毒に効く、チンシャ（鎮散？）を製造していた。筆子塚の慎齋は「佐仲」とあるが、「左中」と同一人物であり、左中は慎齋の名前と読める。

## 8) 粕川友平治

①寺子屋の所在地

　前橋市上細井町 788 番地　当主粕川浩氏宅

②筆子塚の所在地

　前橋市上細井町 2493　粕川家墓地内

③筆子塚の現況

　・正面

　鶴寿軒梅翁廣綱清居士

　栄松軒亀岩真作清大姉

　筆子塚は墓になっており、正面竿石には友平治の戒名、並んで妻の戒名が刻まれている。墓を囲んだ石囲に筆子の名前が三面に刻まれている。

・左側面

　　明治二十八年一月十七日

　　　粕川友平治廣綱

　　　　　行年　八十四

・右側面

　　明治三十四年五月九日

　　　粕川トミ

　　　　　行年　七十九

・石囲正面「筆子」

・石囲左側面（南面）「筆子連」

粕川友平治墓

④筆子氏名

・正面（北面）

**富士見地区**大字時澤村　塩野秀吉　北爪庄吉　角田又造　塩野金平
　　　　　　　　　　　　片貝五平

　　　　　　大字米野村　石関文造

　　　　　　大字横室村　綿貫ヨイ　大友ヨシ

**芳賀地区**大字小坂子村　小林□□

　　　　　　小神明村　長岡伊平

　　　　　　勝沢村　横山モト

　　　　　　五代村　倉賀野トマ

　　　　　　端気村　滋野モト

**旧前橋市地区**　相生町　津久井ヨシ

　　　　　　才川村　亀井サク

　　　　　　立川町　小沢セウ

**大胡地区**大字□村　大埼濱五郎

**南橘地区**大字荒牧村　宮下文平

**永明地区**木瀬村　亀井アツ

・右側面（西面）

**南橘地区**上細井村　松本弥藤太

　　　　　　内田藤大　内田茂市

　　　　　　内田辨吉　設楽與一

筆子連名

教科書　江戸地名尽

　　　　金子トウ　粕川近治　山田權内　小暮左市　高橋森造

　　　　内田甚造　内田常吉　小平才造　小暮吉平　小暮與平

　　　　粕川才次郎　石川三郎治　高橋惣吉　内田才吉　設楽嘉一

　　　　金子才十郎　小暮仁作　金子松太郎　設楽紋平　粕川久平

　　　　齋田菊造　小暮吉平　井上富造　金子ツネ　岡庭物太郎

・左側面（東面）

　**南橘地区**上細井村　岡庭元吉　金子賢治　岡庭初太郎　金子伊平治

　　　　長谷川キト　岡庭弥太郎　内田治平　岡庭モト　石川千代吉

　　　　鈴木平吉　内田浦次郎　井上菊造　粕川音吉　大谷林平

　　　　内田伴造

　　　　　　　　　　　　　明治二十九年八月十有三日　建之

　筆子塚の筆子の出身地は、地元上細井村の者が45人と荒牧村1人の計46人が南橘地区の者である。次いで、時澤村5人、米野村1人、横室村2人の計8人が富士見地区である。芳賀地区は小坂子、勝沢、小神明、五代、端気村から各1人の5人である。旧前橋市地区からも相生町、才川町、立川町から各1人の3人が通っている。大胡地区、永明地区からも各1人の総計64人が学んでいる。そのうち女子が13人と全体の20.3％を占める。

⑤筆子塚に名前がない筆子

　　長谷川長七（粕川浩氏談）

⑥粕川友平治の人なりと活躍

　　上細井村の代々名主を務める家に生まれた。生家は代々治左ヱ門を名乗

り、友平治は7代目に当たる。

　数学・書道に優れ、農業に専念する傍ら、父織之助が開設していた私塾を友平治が父親の存命中から引き継ぎ、近隣の子どもたちを指導していた。子弟は数百人にも及んだという。大胡、永明、富士見、芳賀、前橋、南橘等々の広い地区から友平治の寺子屋に通って来ている。

　「群馬県庶民教育（寺子屋）調査報告」の中で、粕川鶴之助は、教科目は書・読・算の3教科であったといっている。米1合や野菜などの農産物の謝儀（お礼）でも子弟として迎え入れた。粕川浩氏宅には、当時使用した机2脚、教本の「江戸地名尽」などが保存されている。

　明治2年（1869）には、8カ村（川端、関根、田口、下細井、北代田、青柳、龍蔵寺、上細井）の戸長に任命されたとある。

　明治5年7月には、大小区制が改正され、小三区（才川、北代田、下細井、河島分、上細井）5カ村の区長に任じられた。明治初期において、村政に力を注ぎ、新時代に向かっての村のリーダーとして活躍した姿が浮かび上がる。

　学制が発布され、各地に小学校の開設を迫られると、光運寺を活用して細井小学校の開校に力を注ぎ、明治7年（1874）1月20日に資本金415円7銭7厘4毛、教員数6人、児童数182人（男105人、女77人）という、南橘地区では開校時の教員数、児童数ともとび抜けて大きな小学校の開校にこぎつけた。

　明治7年、金子伊平治とともに、細井小学校保護役（P54を参照）に就き、児童の教育に力を注いだ。

## 9) 渋川杲庵(こうあん)

①寺子屋の所在地

　前橋市龍蔵寺町 11　当主渋川義一氏宅

②筆子塚の所在地

　前橋市龍蔵寺町 289　渋川氏墓地内

③筆子塚の現況

・正面（東面）

　竿石　巍山樹翁清居士

　　　　貞操妙賢清大姉

・左側面（南面）

　竿石　昭和二年六月九日歿

　　　　妻女　トメ

　　　　行年八十五才

・台石 4 段目

　筆子氏名が刻まれている。裏面（西面）に世話人、発起として 10 人、左側面（南面）に 12 人、右側面（北面）に 9 人を刻んでいる。

　左右の門柱石には筆子と刻まれている。

渋川杲庵筆子塚

④筆子の氏名

　・裏面　世話人　発起人　北代田村　狩野岩吉、福本清次郎、
　　（西面）　　　　　　狩野雛吉　狩野若重郎　宮下周造　狩野仙次郎、

・左側面　　　狩野仙五郎　小暮長吉　生方善次郎　福本歌吉
　（南面）　　小池市蔵　今井松太郎　狩野安太　塚田作次郎
　　　　　　　斉藤栄吉　渋川倉吉　渋川仁三太　小池徳太郎
　　　　　　　岡庭似世　大胡養慶　久保田常吉　横山源四郎
・右側面　　　福本萬吉　福本福太郎　大木嘉藤次　近藤　桜
　（北面）　　赤石鉄五郎　狩野喜三郎　大木惣吉　生方弥三郎
　　　　　　　赤石小次郎　　　　　　　　　　　計31人

・筆子の出身地域

北代田：狩野岩吉　福本清次郎　狩野雛吉　狩野若重郎　狩野仙次郎
狩野仙五郎　小暮長吉　生方善次郎　福本歌吉　福本萬吉
福本福太郎　大木嘉藤次　近藤　桜　赤石鉄五郎　狩野喜三郎
大木惣吉　生方弥三郎　赤石小次郎　宮下周造　狩野仙次郎

　左側面の12人の筆子は他町村からの筆子であり、その出身は次のようである。

　小池、今井、渋川、岡庭、久保田、大胡、狩野の各姓は現南橘地区であり、9人、斉藤姓は現富士見地区であり1人、横山姓は下細井か芳賀地区と考えられる。塚田姓に関しては不明である。

　筆子は、近隣の特に江戸時代の支配体制であった「中通」に属する各農村在住の子どもたちであったと考えられる。

⑤渋川杲庵の人なりと活躍

　龍蔵寺の南西にある渋川家の墓地に、渋川家の由緒を記した碑がある。

それによると、渋川家は下野国（栃木県）小俣城主三河守義勝の流れをくみ、小俣氏滅亡後、初代渋川権右衛門の時、龍蔵寺村を永住の地と定め、土着し、医業に努めた。現当主渋川義一氏の話では、酒井家が姫路に移封した時、御殿医として姫路に同行した者と、龍蔵寺に残留した者に分かれた経緯があったという。

　12代渋川杲庵(こうあん)は、天保9年に龍蔵寺村に生まれた。幼名は茂十郎、杲庵は号である。代々杲庵の号を引き継ぎ、父杲庵（信伍）が若くして亡くなったため、18歳で12代杲庵を継ぎ、前橋の大沢甫謙に就いて医業の修行を行った。

　安政2年（1855）2月11日に祖父に倣い、龍蔵寺において医業を再開する。医業の傍ら寺子屋を開設し、近隣の子弟を集め、教育に当たった。教科目は書・読・算を教え、近隣の子弟が多く集まった。明治41年12月5日に没する。筆子たちは、師の筆子塚を建立し師の功績をたたえた。

## 10) 加々美養仙(かがみようせん)

①寺子屋の所在地

　前橋市龍蔵寺町149-1

　当主加々美よね氏宅

②筆子塚の所在地

　前橋市龍蔵寺町149-1

③筆子塚の現況

・正面

当時の寺子屋兼医療所

「聖人之教ハ　主情ナリ　而シテ　義裁レ之ヲ礼トス。所謂敵帷ナリ埋メルハレ馬ヲ是レ情、爾後人埋メレ筆ヲハ鶴ヲ亦情ノ所ナルに由然也。其レ合　於道ニ可レ知矣。天父死而不レ能読、其ノ手挙レ之ヲ、書者ハ亦以レ情ヲ。然ルに則チ弟子師之筆ヲ退クニ於テ諸購読　シ忍安ジ委ネル　惜陰　翁諱ハ子昌加々美氏ハ上毛竜蔵寺村ノ人ナリ家ハ世業医師ニ而テ翁書ヲ善クシ側チ郷人ヲ教エ弟子年多ク声ハ四方ニ施ス　然ルに而テ　其ン性抱遜ニシテ　誉レ求メ不會ス寿七十三文久三年六月五日病ニ卒ス　筆ニ委ネ　凡若干ノ枝弟子等　不忍欲スルに委ネ之樹石ヲ埋メ然ルに　或ハ　意之難ク之某質ナリ　於予　予曰ク　何害矣情義之厚コト　豊道ヲ違ヘ哉　遂ニ記シテ之ヲ贈ル　此ノ家ノ所以」とあり、加々美6代目の養仙の功績を称えた文が刻まれている。

・裏面

　近隣の村ごとの筆子120人の氏名が刻まれている。

北代田村13人　上細井村2人　青柳村33人　龍蔵寺15人

下小出村46人　上小出村1人　荒牧村2人　原之郷村2人

不動尊村1人　向丁1人　紅雲分1人　禾野驛1人　川端村1人　□真村1人

④筆子塚の筆子の氏名

**北代田村**　藤井仙蔵　小暮林蔵　大澤丈輔　石澤角太郎　石澤栄五良
　　　　　　大澤傳兵衛　福本松右衛門　狩野丹左衛門　藤井音五郎
　　　　　　藤井桂次良　藤井幸次良　狩野音吉　栗原久米蔵

**上細井村**　斉田傳二良　井上金蔵

**青柳村**　都丸吉右衛門　岡田要蔵　都丸作松　岡田圓蔵　北爪八十松
　　　　井伊甚左衛門　小屋野與四郎　井伊伊藤太　都丸丑蔵
　　　　石田代二良　岡田喜右衛門　井伊寅蔵　内山宇兵衛
　　　　岡田銀兵衛　小金井民蔵　岡田仁作　岡田八五良
　　　　井伊宇兵エ　井伊嘉十良　岡田藤兵エ　岡田國女
　　　　北爪網五良　都丸興兵エ　小野澤勝葰　小野澤安蔵
　　　　岡田高志　井伊喜三郎　岡田由太郎　都丸仙兵エ
　　　　小野澤喜市　岡田太吉　岡田森蔵　井伊子太良

**下小出村**　藤井佐次兵エ　藤井平右エ門　藤井七良兵エ　藤井長八
　　　　藤井治右エ門　藤井右エ門　町田忠五良　設楽七右エ門
　　　　嶌田弥平次　藤井宮二良　町田伊之吉　藤井安太良
　　　　藤井善五良　藤井又市　船津常蔵　船津清五良　藤井柑大良
　　　　舩津半蔵　藤井宇五良　藤井茂良　藤井幸藏　藤井周藏
　　　　町田秀吉　荒木庄兵衛　藤井伊三良　藤井柳蔵　藤井寅藏
　　　　藤井吉五良　藤井彦次良　角田亀吉　藤井森太良　藤井青作
　　　　舩津政□　舩津林作　藤井國三良　藤井林二良　養田喜十良
　　　　長嶌佐金太　藤井茂三良　藤井左二良　藤井光五良
　　　　藤井大太郎　藤井左十郎　藤井富五良　長嶌弥七良
　　　　船津松三良

**向　丁**　牧銀良

| | |
|---|---|
| 紅雲分 | 木村咲蔵 |
| 不動尊村 | 橋本庄三莨 |
| 禾野驛 | 蛭川國三郎 |
| 荒牧村 | 高橋儀兵エ　宮下勇右エ門 |
| 上小出村 | 橋爪来蔵 |
| 原之郷村 | 古室刀太良　綿貫喜太良 |
| □真村 | 須賀源助 |
| 当村 | 渋川杲庵　渋川□□　今井政右エ門　今井太蔵　今井辨蔵<br>高山冨蔵　渋川鶴吉　渋川金太<br>今井喜市　渋川儀兵エ<br>家田清二良　齋藤篠右エ門　今井菊太良　渋川昌之助<br>今井富太良 |
| 川端村 | 品川長二良 |

加々美養仙筆子塚

⑤加々美養仙の人なりと活躍

　加々美家は、代々医業と寺子屋を開設し、付近の病人の治療や近隣の子どもたちの学習を指導していた。天和年間（1681～84）に開始され、学制発布後に廃止された。

　2代目の養仙は子弟100人を、3代目の養泉は200人、4代目の一夢は200人、5代目の茂齊は100人、6代目養仙は140人、7代目の養泉は10人の子弟を集め、寺子屋を開設した。

『南橘村誌』によると、3代目養泉が筆子塚の師匠であるが、養泉が没した年号が文久3年(1863)6月5日となっており、3代目養泉ではありえない。6代目養仙が石碑の師匠であると考えられる。

　加々美家は、前橋藩が酒井家から松平家に国替えになった時、加々美家から前橋藩に届け書が出ている。

　浪人　勢多郡龍蔵寺村　医師加々美養仙
　右は親養仙儀　雅樂頭方に相勤　五十年以前致浪人　龍蔵寺村致住居
　　　　　　　　　　　　　　　　　寛延2年（1749）己3月2日

とある。また、明治5年6月5日に「従来の郷土士族へ編入伺」の中に龍蔵寺加々美養仙の名前がある。戸籍を士族にしてほしいとの希望を持っていたことが分かる。

　以上2つのことから、加々美家の祖先は武士階級であったと考えられる。

　筆子塚から見ると、120人の名が見られるが、下細井、北代田、青柳、下小出の4村で107人と、南橘地区の筆子がほとんどを占めている。6代目養仙は、書、読、算の3教目を教えていたが、漢学に通じ、また孔子、孟子の道も修めていたから、漢学、儒学を通しての人間教育が行われたと思える。


## 11）その他

船津倫平、各務大邦、関口保一郎、永井宇八、堅者法印観廣、関口喜四郎、関口勝蔵、山県保平。

これらの寺子屋師匠は、資料がほとんどなく、一覧表にした。

| 氏　名 | 寺子屋所在地 | 職業 | 備考 |
|---|---|---|---|
| 船津倫平 | 下小出 | 農業 | 設楽八蔵の筆子 |
| 各務大邦 | 上小出香集寺 | 僧侶 | 小出小学校教師 |
| 関口保一郎 | 上小出小出神社東 | 農業・医師 | 勢多郡医師会の創設に参加 |
| 永井宇八 | 川原 | 農業 | |
| 堅者法印観廣 | 川原 | 僧侶 | 大興寺12世、中興とある |
| 関口喜四郎 | 荒牧 | 農業 | 寺子屋開設　明治初期 |
| 関口勝蔵 | 荒牧 | 農業 | 藍澤無満の筆子 |
| 山県保平 | 荒牧 | 前橋藩士 | 寺子屋開設、慶応～明治初期、小学校教師 |

## 2　筆子の活躍

### (1) 粕川友平次門下の活躍

**大谷市造**

　上細井村（前橋）に生まれた。南橘村第10代青年団長に任命され、成年のリーダーとして活躍した。また、昭和10年4月に区長に任命されると、翌11年3月には青柳水路復旧耕地事業を契約し、翌4月には水害復旧耕地事業補助金を県知事に請求したり、地区の発展に努めた。

**内田浦次郎**

　上細井村に生まれ、明治43年3月に光運寺小作米売買証の立会人を務めた。

**内田治平**

　上細井村に生まれた。南橘村村会議員を大正～昭和初期に2期務め、村政に力を注いだ。

**内田常吉**

　上細井村に生まれ、桶職人を生業としていた。

**金子伊平治**

　上細井村に安政3年（1856）11月に生まれた。明治13年11月、19歳で連合戸長（上細井、下細井、下小出、龍蔵寺）の要職に就いた。明治22年、南橘村初代村長に就任し、4年2カ月にわたって、村政のリーダーとして力を振るった。

　明治28年（1895）7月1日には群馬県農会から、自治功労者として表彰を受けている。村長に就任する以前から、製糸業や養蚕農地改良、肥料の共同

買い付けなどを提案していた。

　功績表彰記には次のように書かれている。

「殖産の道に晋め、製糸愛精社を組織、製糸の改良、試作地の設置、普通農業の発達を促し、肥料、種子の共同購入を行う。明治28年南橘村農会を組織し、かさねて郡農会及び、県農会の設立に力を尽くし、赤城原野の植林、広瀬・桃川両堰の水利事業にもその功多し、本会所定の農事功労賞を授与し、以て其の功を表彰す」

　明治11年には細井小学校保護役を務め、児童の教育に力を注いだ。

----

愛精社
　明治12年（1879）上細井に製糸場として創業した。入社した社員は38人であり、改良座繰で生糸を生産し、生産高は993斤30であった。明治23, 24, 25年には、資本金831円、株主数33人で操業した。各地で蚕を買い入れ、改良座繰りを用いて、生糸を生産した。その生糸を横浜に集荷した。明治26年（1893）頃まで操業していた

----

## 粕川音吉

　上細井村に生まれた。明治38年9月に桃川小学校学務委員に就任し、同門の長谷川長七が細井小、粕川音吉は桃川小と同時期に南橘村の教育振興に努めた。

　明治38年には南橘村助役に就任し、村政の中心となって活躍した。

## 粕川才次郎

　村社赤城神社の総代を、金子賢治、金子才十郎らと共に務め、神社の収入

財産を預かるなど、神社財産の管理など神社の運営に携わった。

## 片貝五平

　時沢村で生まれた。富士見村村会議員となり、村政に力を注ぐ。官有林下げ戻し運動を南橘村村長金子伊平治ら関係の村長たちと行った。明治26年2月、金子賢治、金子才十郎と共に、村社赤城神社総代として、神社の運営に務めた。

## 金子賢治

　上細井村に生まれた。南橘村助役を明治42年10月～大正2年10月まで務め、その後10代南橘村村長に就任した。

　長谷川長七、金子角次郎と共に、総代人として特別地価修正を群馬県知事に願い出たり、村社赤城神社の総代となり、官有地を神社に譲与してもらったり、譲与地の材木を売却したりし、神社の本社および外殿、幣殿の移転に努めるなど、神社の運営に携わった。

　生徒数の増加のため、細井小学校校舎の増築を建築委員長長谷川長七のもと、金子才十郎、藤井森太郎、町田孝三郎と共に行った。また、南橘村学齢児童保護会長となり、南橘村の子どもたちの教育に力を注いだ。

## 金子才十郎

　上細井村の大農の家に嘉永4年（1851）6月2日に生まれた。16歳で前橋藩師範大川平兵衛に師事し、神道無念流剣術を学んだ。大川が向井町（前橋）の橋林寺の近くに私設道場を開設すると、近隣の指導に上州人として最初の入門者となった。才十郎の剣歴は次のようである。

明治 11 年（1878）　神道無念流切紙を受ける。

明治 17 年（1884）　神道無念流免許を受ける。

明治 25 年（1892）　東京の根岸信五郎に入門する。

明治 27 年（1894）　上細井の自宅に道場を開設する。門人は 100 余人。

明治 33 年（1900）　前橋養気館道場及び一切の器物を武徳会群馬支部へ寄贈する。

大正　3 年（1914）　70 歳で群馬県師範学校教諭心得となり、群馬県師範学校剣道教師となる。（12 年間）

大正　9 年（1920）　剣道教士となる。細井小学校の剣道指導を行う。

その他、日本武徳会世話係、日本武徳会特別会員なども務めている。

　龍蔵寺の青柳大僧正から漢学を学ぶ。明治 12 年、金子伊平治ら有志と諮って、愛精社という製糸工場を上細井村に設立し、生糸を横浜へ出荷した。明治 15 年（1882）頃、愛精社と篤農家と諮り、肥料と農業物種子の共同購入を始めた。明治 23 年県の指導を受け、施設の農業試作地を作り品種改良、肥料の配合などの試験を行った。また、県立農業試験場づくりに奔走し、明治 28 年県立農業試験場ができた。明治 20 年代には下肥、干鰯、油粕等に替わって化学肥料が普及拡大すると、肥料配合表を「産業新報 30 号」に掲示したり、農業の指導的な役割も担った。明治 27 年、完全人造肥料が販売されると、金子はいち早く東京人造肥料株式会社の特約店となった。

　明治 24 年には、上細井区長となり、地域開発にも力を注ぎ、赤城山の 6,000 町の植林事業、130 町の細井田圃の耕地整理等大きな事業を行った。農村の

実情に応じた産業開発に努め、村民のために尽くした産業開発の功労者である。また、村社赤城神社の総代なども務めた。

○学務委員

明治12年（1879）の教育令で、戦前の義務教育の普及拡充を推進するために設置された。一度廃止されたが、明治23年（1890）の小学校令で常設委員会として復活した。明治33年（1900）の小学校令では、定員は10人以内とし、その4分の1の範囲で、町村長が公立学校男子教員より任命し、残りを町村議会で選出した。その職務は小学校の設置・維持、校舎校具の整備、学齢児童の就学督励・就学猶予や免除促などを行った。戦後の教育委員会にその職務の一部は引き継がれている。

○学校保護役

明治5年（1872）初めは庶務掛（事務掛、世話係）と呼ばれていた。明治6年学校保護役と改称された。その職務は明治11年11月の「学校保護役事務心得」によれば、「学校維持を担当し、学区取締区戸長に協議し、学費出納及び一切の雑務を掌る」としている。具体的には、生徒の増減、金銭出納、その校で定めた規則の変換、生徒優等者の姓名、器械書類の表、出納納金の表、寄付金の調、教員助教の出欠の日数、定期試験、及第落第・卒業証書、褒賜授与式への臨席、授業料の徴収など学校の会計係であり、庶務雑務の総括であった。学校保護役の人数は各校1～2人であり、選挙で決めたが、区内の名士が選ばれている。

## 長谷川長七

上細井村に生まれた。上細井村で代々質屋を営業していた。

明治11年1月、「町村連合の制」が敷かれ、連合戸長（上細井村、下細井村、

下小出、龍蔵寺）に推薦され、その要職を努めた。大正13年4月～昭和3年3月まで南橘村助役を拝命し、村長を助け村政の中心に位置し、昭和19年3月～21年11月まで、南橘村22代村長を務め、戦後の処理も行った。その外、南橘村村会議員を3期務めるなど、大正から昭和まで南橘村のために尽力した。

　また、南橘村消防組（消防団）第4代組頭（消防団長）にもなり、村の安全を守った。明治7年1月20日、細井小学校設立伺に上細井村戸長として名を連ね、小学校開校に師匠の粕川友平治と共に尽くした。

　明治11年細井小学校の保護役、明治38年に学務委員を務め、細井小学校の児童のため教育に力を注いだ。特に生徒数の増加のため、校舎の増築の建築委員長として、金子才十郎、金子賢治、藤井森太郎、町田孝三郎、小池市蔵と共に校舎の増築を行った。明治31年5月と明治39年5月にも細井尋常高等小学校の学務委員に就任し、学校教育に力を注いだ。

## (2) 渋川杲庵門下の活躍

**小池市蔵**

　長谷川長七の項の細井小学校増築を参照。

## (3) 加々美養仙門下の活躍

**今井嘉市**

　文久3年（1863）、龍蔵寺村に生まれた。長百姓を務め、砂入田定免願いや名主渋川利兵衛や組頭政右ヱ門などと、年貢を5カ年定免引を願い出るなど、村役人としても活躍した。明治7年には龍蔵寺の什物取り調べ帳（本尊、天蓋、法華経、他器具書き上げ）の立会人を務めた。明治23年には龍蔵寺連印総代も務めている。

**渋川杲庵**

　龍蔵寺村に生まれた。加々美養仙に師事した。寺子屋の開設と医業に携わった。また明治八年、根井弥七郎（行雄）の推挙によって、熊谷県北大三区の医員となった。詳しくは、渋川杲庵の項を参照。

**渋川利兵衛**

　安政3年12月龍蔵寺村名主として、龍蔵寺代替わり日記案文（先代住職隠居により、上総州萩原行元寺より学頭入院他）控えを作成した。また、田畑名寄帳（総高17町6反6畝10歩）、不事砂入田畑の起き返しやその作成した反歩の書き上げ、人別御改帳等を作成するなど文久3年まで名主を務めた。慶応年間には、砂入り田畑1町5畝29歩の定免引きを願い出るなど、村政に活躍した。

**高山富蔵**

　明治7年5月に龍蔵寺什物取り調べ帳（本尊、天蓋、法華経、他器具書き上げ）の檀中総代となって寺の運営に携わった。また、田畑名寄帳の作成に組頭と

して、名主渋川利兵衛に協力し作成した。

**町田秀吉**

　下小出村に生まれた。上野国勢多郡萩村の地籍図を描いた絵師などで活躍した。

**藤井森太郎**

　下小出村に生まれた。長谷川長七の項、細井小学校増築を参照。

**藤井富五郎**

　龍蔵寺村の組頭を努めた。

**町田孝三郎**

　長谷川長七の項、細井小学校増築を参照

**町田秀吉**

　上野国勢多郡萩村の地籍図を描いた絵師などとして活躍した。

## (4) 設楽八蔵門下の活躍

**桑原乙衛**

　下小出村で生まれた。大正8年、大正14年、昭和2年の3期下小出町区長に就任し、南橘村村会議員としても活躍した。

**船津倫平**

　文久元年（1861）、下小出村に生まれ、明治元年（1868）寺子屋で学び、同時に金子才十郎に剣術を学んだ。小学校を卒業した後に、国領町の小島寅八に数学を学んだ。

25歳の時、師の金子才十郎が倫平の技術向上を認め、才十郎の恩師田村定五郎に紹介し、養気館に入門した。神道無念流の目録を受けた。明治37年1月、田村定五郎師範から免許皆伝を受けた。

　明治37年　東京の有信館で学び、中山博道範士の指導を受ける。
　明治37年　下小出村の屋敷内に賑武館道場を造り、近隣の子弟の指導を行う。
　明治43年　道場の名称を有信館に改称する。門人200余人。
　昭和　6年　京都の大日本武徳大会で優勝。剣道精錬証状を受ける。
　昭和13年　剣道教士となる。

　壮年時には、埼玉県児玉町の武道大会の高点試合で13人全部を胴切りして優勝し、「群馬の胴切り」とあだ名されるほどであった。
　大正9年から金子才十郎と細井小学校の剣道指導を行った。
　剣の修行をしつつ父を助け、農耕に専念した。その後、近隣の多くの子弟を集め、寺子屋での指導を行った。農事をおろそかにせず、農事にも励んだ。南橘村村会議員等の公職に就き、大正10年、14年の2期下小出区長に就任し、村政に関わった。

## (5) 藍澤無満門下の活躍

**藍澤信輔**

　藍澤無満の長男として、文化14年（1817）に上小出村に生まれた。無満に文学を学び、長じてから、藤森天山（弘庵）に就いて詩文を学んだ。詩に

関しては、父よりも優れているといわれていた。次の名吟を書き、息をひきとった。一説には毒殺されたともいわれている。根井行雄との交流が深かった。

　　霜風猟々皆寒　野色林客無可観
　　梅芯孕香猶未放　只看南燭一枝
　霜風稜々として皆寒し　野色林客見るべきものなし
　梅芯孕んで未だ香を放たず　ただ見る南天の一枝

## 天野桑古

　天野桑古の項を参照

## 新井乙瓢（碧桃舎乙瓢）

　下田沢村鹿角（旧黒保根村、現桐生市）に生まれた。幼名は佐助（佐寿助）といい、勤倹力行の人で、糸繭商を営み、家の財産を増やした。養蚕に熱心で原野に桑を植えた。また、杉苗を育成し植林に努めた。天野桑古と深い親交があり、天野桑古と上毛俳壇を盛り上げた。

　明治の初め、小学校の設立が決まると、率先して金を出し、校舎を建設し、村の児童の教育に力を注いだ。

## 今井善兵衛

　下箱田村（旧北橘村、現渋川市）に生まれた。民俗学者今井善一郎の曽祖父である。根井行広と共に無満の門に入った。廃仏毀釈が始まると根井行広は仏葬を廃し、神葬祭りを広め、村の大半が神葬になり、善兵衛の分家2軒も神葬になった。そんな中で仏寺を擁護し、終始仏式に従い葬儀を行った。根井の王政復古風に対し、今井の旧幕政風、書法も学者風の無満流と、従来

からの御家流を貫き、両者は並び立つことができなかった。寺子屋を開き、読・書・算を指導した。

### 今井善三郎

　下箱田村で生まれた農民で、無満に師事した。寺子屋を開き、御家流の書道を指導した。

### 生方可交（精細舎可交）

　上白井村（旧子持村、現渋川市）に生まれた。名は金三郎。無満の高弟で、後に蓼園2世を継いだ。明治21年、81歳で没した。

　可交ら社中の句を集め、地元の玉岡の名を付けた句集、「玉岡集」を出版した。はじめ無満が立句し、可交、錦秋、完英、幻亜たち地元の十数人の句が並んでいる。また、多伝園2世の幻亜が没した翌明治2年（1869）に、追善集の「下闇集」を刊行している。

### 生方白園

　上白井小学校の訓導を務めていた。

### 小渕幻亜（楓堂幻亜）

　白郷井村中郷（旧子持村、現渋川市）に生まれた。無満の最高の門弟で、楓堂幻亜と号した。晩年に、師無満の多伝園2世を継ぎ、慶応4年（1868）72歳で没した。

　安政の頃、諸友に月雪の句を求め、114句を収めた「芳雲帖」を作った。無満の葬儀では焼香第一を許された。

## 香川僖丸（杏林舎僖丸）

　敷島村長井小川谷（旧赤城村、現渋川市）に生まれ、名を福太郎と称した。医師で、俳人でもある。林大学、香川法順に需医を学び、嘉永4年（1851）医業を開いた。

　「あまくさ集」を安政5年（1858）に発刊した。無満の序、無満、桑古、行雄などの上毛の俳人たちの句が収められている。また、上毛で初の芭蕉の句を集めた芭蕉句集「はせをつか」を発刊した。

## 金古（兼古）真幸

　下南室神社（旧赤城村、現渋川市）に生まれた。幼名は宮城といい、無満に学んだ。世襲神主として、下南室赤城神社に奉仕した。明治に入り、官撰の神主となる時に、当時の北第三大区長根井行雄により、旧神主は一掃され、その時に真幸も神主の座から降ろされた。

## 狩野周兵衛

　持柏木村（旧赤城村、現渋川市）在住の農民である。持柏木で、散水舎名の寺子屋を開き、近隣の子弟に読・書・そろばんを教えた。

## 上村季撰（三余堂季撰）

　三俣村（旧桂萱村、現前橋市）に生まれた。名は栄造、三余堂季撰と号した。書画、俳諧に長じていた。不動堂村（前橋市富士見町）の奈良一徳斉と上小出村の藍澤無満に学んだ。寺子屋を開き、近隣の子弟を訓育した。広く諸国の名家と交わりがあった。文久元年（1861）に71歳で没した。

## 錦秋（後藤文右衛門）

　群馬郡上白井村（渋川市）に生まれた。俳諧を好み三角大尽といわれた。名主を務め、苗字帯刀が許された。村民の負担軽減を行うため、助郷の免除に奔走した。生方勝蔵が天保15年（1844）子持・綾戸間に2尺4寸（約73cm）程度の大きさの隧道を開通させたが、病死してしまった。錦秋は、17年後の文久3年（1863）に隧道拡張工事を行い、木製の桟道を作った。穴道と呼ばれ、隧道を通る者から、穴銭と称して通行料を徴収した。しかし、この隧道の完成のお蔭で、沼田とその南方の交通が大変便利になった。この隧道を綾戸穴道と称し、関東の青の洞門とも呼ばれた。

## 栗原才兵衛

　前橋藩士である。前橋藩は相州警備を命ぜられ、相模国三浦郡大津村の陣屋に勤務していた時、黒船が来航した。前橋陣屋から師の無満に、黒船来航を報じた書簡を送った。

## 小林長吉

　小坂子村（前橋市）で生まれた。昭和12年〜14年まで小坂子区長を務めた。

## 斎藤近三

　船津伝次平が編集した「蓼園無満発句集」の序文に、無満の俳句・詩歌等への考え方を記述している。

　明治6年原之郷小学校の校長を務め、明治10年には船津伝次平と共に上京し、市ヶ谷小学校長となった。明治14年には伝次平と共に駒場農学校現場係として活躍した。青森農業試験場長、大蔵省蚕種専売所長も務めた。大正8年、

伝次平贈位記念碑の撰文も行った。退官後は前橋市に帰郷、98歳で没した。

## 斉藤桂三

　文政10年（1827）に原之郷村（前橋市富士見町）に生まれた。尾高高雅、藍澤無満に師事する。近隣の青年たちに共同農園の経営を指導した。学制後も漢学指導を請うものが多く、なわないや薪刈りをしながら、素読して指導を行った。

## 佐藤不磷

　文化12年（1815）横堀村（旧子持村、現渋川市）に生まれた。『子持村史』によれば、北牧の越後藩士関小文治に漢籍を学んだ。俳諧は無満に指導を受け、白井（旧子持村、現渋川市）の宮下宏蔭に最音韻を学んだ。名利を好まず、和漢の書を好む傍ら、俳諧を詠した。地域の子弟に和漢の学を指導した。

## 塩原和中

　田口村（旧南橘村、現前橋市）に生まれた。横室の郡社赤城神社の初代官撰神主に、佐々木脩三が任じられたが、その後、脩三から郡社赤城神社の祠掌を引き継いだ。また、南勢多郡の学務委員を務め、勢多郡の児童の教育に力を注いだ。

## 設楽八蔵

　設楽八蔵の項を参照。

## 紫堂泰樹

　箱田村（旧北橘村、現渋川市）に生まれた。蓼園社中碑に羅明と並んで名が刻まれている。姓は富岡を名乗っていた。俗名がなく、すべて泰樹と記し

てあるところから、そのまま訓読みで「やすき」が本名かとも思われる。

## 関口勝蔵

荒牧村（旧南橘村、現前橋市）で生まれた農民である。安政～明治まで寺子屋を開設していた。書・読・算を指導した。

## 関口松太郎

荒牧村（旧南橘村、現前橋市）で生まれた。南橘村の村会議員を昭和8～17年にわたり務めた政治家である。「政治を志す者は、常に自分より、他人の幸せを考えてやるべきだ」が関口松太郎の主張である。大正～昭和期の不況時代に、産児制限を指導し、昭和4年、荒牧の山を開墾し、荒牧の八十数戸の生活の糧に役立たせた。

組合製糸「東橘会」と「碓氷社南橘組」が統合され、「南橘信用販売講読利用組合」が設立されるとその組合長になった。

## 高梨宜信

源義仲が信仰していた木曽三社神社を、当時の神主の高梨南学院が、木曾谷から当地に神社を移し、代々神主を務めた。宣信はその子孫で、箱田村（渋川市）に生まれ、木曽三社神社の神主を務めた。神主の字名を遠江と呼んだ。無満の親しい友で、手習いの師匠をしていた。後に無満の門に入った。

## 角田（天籟舎）篁嘯

文化3年（1806）1月に津久田村（旧赤城村、現渋川市）に生まれた。通称富五郎といった。根井行雄の郷兵の仲間に入り行動した。俳諧の号は天籟舎と付けた。

## 戸部蓼風

通称戸部林兵衛といった。藍澤無満の蓼園社中碑の書を書いた。

## 中嶋多三郎

上小出村(旧南橘村、現前橋市)に生まれた。明治6年、北第三大区上小出村(前橋市)地籍図作成の立会人を行っている。

## 根井行雄(根井英三郎、根井五郎佐衛門、根井弥七郎)

箱田村(渋川市)に生まれ、英三郎と称した。公儀名は五郎佐衛門といい、明治4年以降弥七郎と称した。実名は、無満の君雄から雄をとって、行雄とした。明治5年に熊谷県北第三大区長、明治11年には田口、真壁、上箱田、下箱田、箱田の五カ村連合戸長を務めた。

早くから王政復古の考えで行動し、郷兵を組織したのもその考えからであろう。廃仏毀釈が起こると、仏葬を廃止し神葬祭を広めた。

神主が官撰神主になると下記の表のように、祠掌を決めた。

| 代表神社名 | 村名 | 祠掌 | 次の祠掌 |
| --- | --- | --- | --- |
| 北代田八幡神社 | 岩神、萩、国領、下小出、上小出 荒牧、青柳、龍蔵寺、北代田、才川 | 船津伝次平 | 塩原和中 |
| 上細井赤城神社 | 上細井、下細井、不動堂、勝澤、小神明、嶺、中嶌、皆沢新田、赤城箕輪、小暮 | 玉尾求馬 | |
| 横室赤城神社 | 横室、疋田、漆窪、一の木場、石井、田嶌、小沢、原之郷、川端、日輪寺、関根 | 佐々木脩三 | 塩原和中 |

| 箱田木曽三柱神社 | 田口、米野、山口、上箱田、中箱田、箱田、下箱田、真壁、下南室、南室 | 根井行雄 | 根井鍋十郎 |
| --- | --- | --- | --- |
| 八崎赤城神社 | 八崎、分郷八崎、小室、持柏木、溝呂木、上三原田、下三原田、樽、宮田 | 生方文樹 | |
| 津久田赤城神社 | 猫、津久田、上津久田、長井小川田、深山、棚下、上野、勝保沢、見立、滝沢 | 青木如園 | 角田八衛 |

いずれの祠掌も藍澤無満の門下か無満と親しい者ばかりである。

村の子弟を集め、読・書を指導した。『今井善一郎著作集』の根井行雄伝には、師無満と同様に自宅に学校を建てる資材の寄付を集め、学校建設の準備をした。弘化3年（1846）8月の「学校元金元帳」の序文で紅林舎狩野義徳が「書籍を購入する基金として、青年達に呼びかけ、その共有金を貸し出し、その利益により図書を買う」と記しており、当時すでに、学校に備え付ける図書を準備していた。教育の中心を国学におこうとし、神社を以て図書収蔵のところとしたと、推察している。

日輪寺学校（桃川小学校）の設立に関し、根井行雄は「日輪寺学校設立伺」に結社人として名を連ねている。

農民の間に広がった法神流正統伝承者となり、北橘村（渋川市）に剣道道場も運営していた。この一門には昭和の剣聖といわれた持田盛二もいる。

### 根井行広（橘陰舎羅明）

根井行雄の父親に当たる。文政年間に箱田村の組頭だったが、付近7カ村（下

箱田、中箱田、箱田、上箱田、真壁、上八崎、下八崎）の総代になった。文政12年（1829）11月22日に、川通26カ村の御総代役に就任した。

　天保元年（1830）8月19日には、一代限りの苗字帯刀を許され、従来内々で使用していた諸田姓を根井姓に代えて使用するようになった。

　俳諧は初め、前橋の松井素輪の系統に属し、素明と号したが、無満に師事してから羅明と改めた。無満からは国学、俳諧を学び、その高弟となった。弘化3年（1846）の「学校元金貸付帳」が残存しており、息子行雄と共に学校と備え付け図書の準備をしていたことが分かる。

### 萩原禎助

　萩原禎助の項を参照。

### 萩原孫九郎

　明治6年12月12日付で、「日輪寺（桃川）小学校設立伺」に根井行雄や天野桑古と共に名前を連ねている。教育振興に率先して働いていたことが分かる。

### 藤井富五郎（藤井菫嘯、天籟舎筐嘯）

　文化3年（1806年）、箱田（現渋川市）に生まれ、通称富五郎といった。姓は角田だが、藤井に養子に入に入り、藤井富五郎となった。俳舎名を天籟舎と称した。

### 船津午麦（白庵午麦）

　6代目船津伝次平で、「農老船津伝次平」の父親に当たる。原之郷村（現前橋市富士見町）に生まれ、本名を利兵衛路雄と称した。農業の傍ら寺子屋を

開設した。寺子屋では師匠宅に入る時は挨拶をさせる。師匠は大勢を教えるので、筆子が遊ばないように、助教を使ったり、自学自習を行うようにした。「手習」は寺子屋の中心の学科であり、書くことを通して、読むことを習得させたり、しつけを行ったりした。例えば「いろは教訓」（異論として冬扇の作ともいわれている）は入学した者全員に手習いを受けさせた。

　　い　かに子供達よ　ききたまへ
　　ろ　くに手習　せぬ人は
　　は　ぢかく事　おほいぞよ
　　に　げかくれして　わるだくみ
　　ほ　んのよき場に　もとづかず
　　へ　らず口のみ　たたいては

　藍澤無満に師事し、俳号午麦を無満から授けられた。藍澤無満は午麦を門下の中でも、一番かわいがったともいわれている。午麦が亡くなるとその筆子たちが筆子塚を建立した。筆子たちの依頼に無満は筆を執った。

　　「おり惜しむ　こころのさきを　花吹雪」午麦翁

　碑裏に「この碑は白庵の主人の午麦が、普段用いていた筆を埋め、又よみ残しておいた俳句を記して、記念にしようとした大勢の弟子たちが、真心の力を合わせて、このように建てたもので、師匠は弟子を愛し、弟子は師匠を尊敬する。師匠と子弟双方の美しい心である」と記述している。白庵は寺子屋の名前で、九十九庵のことを指している。

## 船津冬扇（船津伝次平）

　船津伝次平で、上毛かるたに「老農船津伝次平」と読まれている。原之郷村（前橋市富士見）で生まれた。名は市造といった。父の午麦が没した後、安永4年（1775）12月、26歳の時、無満に入門し、和算と俳諧を学んだ。俳号を冬扇と称した。明治9年「蓼園無満発句集」を出版した。一方で、父を継いで寺子屋の師匠になり、近隣の子弟を指導した。

　家業の農蚕の業に従い、篤農家として名を馳せ、赤城のすそ野の植林に努めた。また、名主も務めた。明治維新後は35カ村の大総代や県の御用掛を勤め、行政と農事指導に成果を上げた。明治10～20年内務省御用掛として東京駒場農学校に教師として勤務し、学生の指導や農事研究を行い、多くの農学者を育てた。明治19年（1886）農商務省甲部普通農業巡回教師、明治29年西ヶ原農事試験場技師として活躍した。明治31年（1898）67歳で没した。

## 横川傳蔵

　前橋の横川家は河内屋として味噌を商い、半農半商であったが、後に呉服商となった。傳蔵は、父傳蔵の名でペリー来航時に松平大和守に、対策費として多額の献金を行い、1代頭取、1代苗字帯刀が許された。2代目傳蔵の子重七は2代目傳蔵の名で前橋城再築時に350両を献金し、恩賞を受けた。1代目の横川傳造は嘉永7年（1854）に没している。

## 松永乙人（枸杷庵乙人）

　天明4年（1784）奈良村（沼田市）の左部家（利根郡誌では石田家）で生まれた。20歳で上久屋村（沼田市）の松永権右衛門の分家養子になった。通

称武左衛門、俳号は枸杷庵乙人といった。学問を好み俳諧を好くし、各地を歩いた。小林一茶とも交友し、利根・沼田の俳壇の第一人者といわれた。

「鎌倉紅梅接木英」という浄瑠璃本や「英吉殺園原騒動」という剣豪を題材とする物語も書いている。

**湧玉士云（角田士云）**

勝保沢（旧北橘村、現渋川市）に生まれ、名を又市といった。無満に師事し、湧玉亭と号した。無満が没した後、蓼園の号を生方可交が継ぎ、その後、可交から蓼園の号を譲られた。明治2年（1869）芭蕉碑を建立し、門弟には自句碑を建立させた。明治9年（1876）、彩色大判一枚刷の「丙子春興刷」を出した。この中には、天野桑古、根井行雄、古希庵可香の協力で、一人一句の103句が載せられている。寺子屋を開き、村の子弟に読・書・俳諧を指導した。

## （6）萩原禎助門下の活躍

**青木與三郎**

嶺村（前橋市）寺間の農家に天保5年（1834）に生まれた。萩原禎助に就いて和算を学んだ。また、船津伝次平にも学んだ。幕末～明治初期に自宅に生徒十数人を集め、算盤塾を開設した。門下生は富士見地区、芳賀地区、宮城地区などの近隣から集まった。塾での教科目は珠算・数理を教えていた。

伝次平が駒場農学校に奉職する時には随行し、農夫頭となった。明治3年頃、嶺村（前橋市嶺町）の名主も務め、明治14年（1881）には、南勢多郡組合

総代になり、赤城山原野秣場168カ所の測量を行ったり、赤城山御料地払い下げのもとをつくった。

村社大峰神社、天沼の薬師寺、駒場農学校、敷島村深山の天狗様などに「数里の学」を掲額している。

## 須田浅造

敷島村深山（現渋川市）に生まれた。萩原禎助から門人関流九伝を授かる。関流免許を与えられたのは須田浅造ただ一人だといわれている。寺子屋を開き、和算を指導した。沼田町（沼田市）に居住し、占いを生業として生活した。明治5年、鎮守金山宮に算額を奉額した。

## 光又寅之助

常陸国南友部村（茨城県友部町、現笠間市）付近在住の蚕種の行商人である。禎助にかわいがられ、葉書や書簡での通信教育を受けた。

## 角田金五郎

小坂子村（前橋市小坂子）に生まれた。明治11年に小坂子村役場に雇われ、翌年には小坂子村戸場役場議員に当選し、村政に関わった。小学校尋常科仮免許を得ると訓導試補の資格も取った。明治13年嶺赤城小、明治17年善勝小の教員、明治18年南勢多郡第一小学校授業生で学び、明治26年芳賀小学校訓導に任命されると、小学校正教員免許状も取り、村の教育に力を注いだ。

明治42年（1909）12月14日〜45年1月12日の間に芳賀村村会議員、昭和4年（1929）5月15日〜12年5月14日には、村の助役を務め、長期にわたって村政の重鎮として活躍した。群馬県師範学校教諭の佐藤穂三郎か

ら植物・動物・鉱物学（博物学）を学び、中根鷲三郎から物理学・科学を学んだ。独学で隠花植物の菌類、蘚苔類、地衣類の研究を行い、旧制二高（現東北大学）の安田教授の指導を受け、数十種の新種を発見した。新種には「ジャポニカツノダ」「ナベワリキゴケ」などツノダの姓や発見場所等の名前を付けた。昭和9年の陸軍特別大演習後の県内行幸の時、昭和天皇に単独拝謁を許され、赤城山の地衣類の標本が天覧に供された。教育、村政、そして学問に努力した博物学者である。

　大正7年（1918）～8年にかけて大流行したスペイン風邪（現在のインフルエンザ）の被害状況を〈角田文庫〉（前橋市立図書館に寄贈）の中にある「雑感日誌」に記述している。交通の発達との関係やその防止の仕方などを記述している。昭和15年（1940）有志により学習院教官木田政喜の筆による「学術功労之碑」が自宅研究室前に建立された。


### (7) 養田鱗齋門下の活躍
**萩原禎助**　萩原禎助の項を参照

# 3 出身地域別門下生の数

　筆子塚などに刻まれている筆子の数から下記の5人の門下生の出身地別の割合を記した。

①筆子の出身地（%）

| 出身地＼師匠名 | 粕川 友平治 | 渋川 杲庵 | 加々美 養仙 | 設楽 八蔵 | 藍澤 無満 |
|---|---|---|---|---|---|
| 南橘地区 | 72 | 94 | 94 | 75 | 87 |
| 富士見地区 | 13 | 3 | 3 | 0 | 3 |
| 芳賀地区 | 8 | 0 | 0 | 0 | 0 |
| 旧前橋地区 | 5 | 0 | 2 | 17 | 4 |
| 上川淵地区 | 0 | 0 | 0 | 4 | 0 |
| 桂萱地区 | 0 | 0 | 0 | 0 | 2 |
| 木瀬地区 | 1 | 0 | 0 | 0 | 0 |
| 北橘地区 | 0 | 0 | 0 | 0 | 2 |
| 大胡地区 | 1 | 0 | 0 | 0 | 1 |
| 玉村地区 | 0 | 0 | 0 | 4 | 0 |
| 県外 | 0 | 0 | 0 | 0 | 2 |
| 不明 | 0 | 3 | 1 | 0 | 0 |

蓼園社中の出身地の割合は、以下に表した。

②無満の門下生出身地（%）

| | | | | | |
|---|---|---|---|---|---|
| 南橘地区 | 18 | 富士見地区 | 10 | 北橘地区 | 16 |
| 赤城地区 | 39 | 子持地区 | 12 | 黒保根地区 | 2 |
| 沼田地区 | 2 | | | | |

寺子屋の所在地区から多くの筆子がおり、次いで、隣接区からの数が多いのが共通している。しかし無満の寺子屋・社中では、県内でも隣接区にとらわれず、中には県外の者まで見られる。そうした点に寺子屋・社中の必要性と、特色があったと想像できる。

## 4 庶民教育が果たした役割

### (1) 寺子屋への通学状況

　寺子屋をはじめとした南橘地区の庶民教育が果たした役割を、師匠の人なりと活躍、筆子たちの活躍を通して、明治前後の社会情勢の中で述べてきた。改めて彼らが果たした功績を、師匠と門下生との関係からまとめてみる。

　まず、どのくらいの家で、寺子屋などの教育を受けさせたかを見てみると、上小出村では、明治7年（1874）の戸数80戸のうち、移住士族が2戸であり、実際の農家は78戸である。その78戸の農家の中から46戸の家が無満の門下生を出している。これは約59％の家から無満の寺子屋へ通したことになる。

　各師匠の門下生の女子の数は、無満の寺子屋は、家族を除いた92人の門下のうち9人であり約10％である。粕川友平治の寺子屋では64人中女子は12人で約19％で一番多い数である。加々美養仙の寺子屋では、120人中女子は1人で、約1％。渋川杲庵の寺子屋では、31人中、近藤桜が女子であるなら1人で約3％、設楽八蔵の寺子屋では、筆子27人中0人である。これらからも、女子の教育は、男子より低かったことは間違いない。しかし、粕川友平治の寺子屋のように、女子の割合が20％に近いところもあり、筆子塚に名を残さない女子の筆子は、数字に残された以上に存在していたことが推測できる。

　寺子屋には、どの範囲から通ってきたのだろうか。粕川友平治の所には上細井村を中心とした南橘地区が中心で、富士見、芳賀、旧前橋地区、永明地区、大胡地区まで広がっていたことが分かる。

　渋川杲庵のところには、北代田村中心にした南橘地区が中心で、富士見、

芳賀地区に広がっている。

　加々美養仙のところには、青柳村、下小出村を中心にした南橘地区の門下生が通い、富士見、旧前橋地区にも広がっている。

　設楽八蔵のところには、下小出村を中心に南橘地区の門下生が通い、前橋、上川淵、玉村地区にまで広がっている。

　藍澤無満のところでは92人が上小出村であり、南橘地区を中心に、富士見、大胡、桂萱、旧前橋地区に広がり、東京、栃木など県外まで筆子がいる。俳句の道では、南橘（上小出、下小出、荒牧、関根、川端、日輪寺）、北橘（箱田）、赤城（勝保沢、見立、猫、三原田、樽、滝沢、棚下）、子持（上白井、白郷井、北牧、持柏木）、黒保根、富士見（原之郷、米野）、木瀬（上大島）、沼田（上久屋）、長野県にまで広がっている。これは、南橘から利根川沿いに沼田まで、社中が広がっていったことを表している。

　各寺子屋は寺子屋の所在地を中心に門下生が集まり、近隣、特に隣接した村から多くの門下生が加わった。それらの門下生を指導し、本人だけでなく、家族にも影響を与えたから、簡単な読み書きができる者が多かったと推測できる。隣接地域から遠く離れた地区からの門下生も見られる。学ぶ意欲を持ったものが多かったと推測できる。また、船津伝次平（冬扇）や萩原禎助の例のように、それぞれの寺子屋に特色があったからであろう。

（2）寺子屋での学習

　この寺子屋等の隆盛は、江戸時代末期の社会情勢と結び付いている。商品

経済が村に入り定着した。当時の南橘地区の農業は、米、麦が中心であるが、大豆、小豆、粟、稗の穀物の他、現金収入を狙って養蚕や生糸、木綿、たばこなどの栽培が行われた。生産した商品の売買の計算や文字が読めなければ商売が成り立たない。男だけでなく、女も寺子屋に通う人が増えてきた要因であろう。南橘地区の寺子屋は書・読を指導した一類の形態、書・読・算を指導した二類の形態、算だけの二類の形態、二類に四類の形態に和漢を加えた三類に近い形態が見られる。書・読・算・和漢等の具体的な指導内容は、粕川友平治の習字の手本として使用されたといわれている「江戸地名尽」、藍澤無満が使用した「上小出往来」、無満が使用したと思われる関口八重子氏宅に残る「論語」「初歩登山手習　教訓初」「鎌倉賊」などが見られるが、その他の資料がほとんどない。また、寺子屋の師匠たちは、束脩（入学金）は赤飯1重、酒1升、謝儀（月謝）は年始、盆暮、節句などに野菜や赤飯、餅などで子どもたちを指導していた者が多い。篤農家が自らの資産を使い指導していた姿が読み取れる。

　俳諧の場合は対象が大人であり、無満は「俳諧を為すも俳諧師たるべからず。詩を作るも詩人たるべからず」と述べ、趣味の範疇であると捉えている。趣味の世界の広がりは、実学の広がりとは別なものだろう。ただ、天野桑古、根井行雄などの勤王思想、錦秋（後藤文右衛門）の村民負担の軽減運動などの考えは、無満の思想が社中の者に浸み込んだことに間違いないであろう。

## (3) 師匠の学問・思想

　師匠自身が身に付けている学問などの共通なものは、読・書・算の力がしっかりとあったことは、当たり前のことである。その上に立って、国学、神道、儒学、和算、俳諧などの素養を身に付けており、当時の著名人との交友の中で、自身の研鑽と筆子への指導を行っていたことである。

　無満を例にとれば、俳諧、詩歌、書画の道に優れているだけでなく、国学、儒教、仏教、神道にも造詣が深い学者である。青木如園、藤森天山らとの交友が深く勤王思想を広めていった。筆子である天野桑古、根井行雄など無満の影響を受けた人は数多くいる。根井行雄や天野桑古は筆子に勤王思想を鼓舞している。天野桑古は勤王思想を波及させ、軍備拡大や実業を起こすことを説き、根井行雄と共に郷兵を組織した。維新への協力である。根井行雄は尊王思想と神道に力を注ぎ、官撰神主に無満の友人や無満の門下生を多く任命し、神道を通して国内の統制に協力した。

　各寺子屋の師匠たちは、無満と同様に村の農民たちを助けた。年貢の軽減や商品作物の奨励に努め、貨幣経済の中で生活する仕方を教えた。筆子たちは、後の学校の設立や学校教育の援助・指導も行っている。寺子屋の師匠から学校の教師になった人も多くいる。隧道の掘削を行い、商品や人の交流をより活発にさせた人もいる。

## (4) 門下生等の活躍

　門下生たちは寺子屋を出て、学校を卒業してからどんな仕事をしていたか

を調べ、師匠別の筆子の活躍として前述してきた。これらを分野別にまとめると以下のようになる。

①教育関係に協力した人たち

　一番多かったのは、自ら寺子屋（私塾）を開設した人が上村季撰、船津倫平など18人いる。そのうち南橘地区では設楽八蔵、天野桑古ら8人が寺子屋（私塾）を開設した。

　学制以降は、小学校の教師、校長や後の大学に奉職し、教師になった人は、斎藤近三、船津伝次平らが9人、学制により小学校が建設されるが、その設立伺いに萩原孫九郎、長谷川長七ら4人が立会人となっている。学齢児童の保護会長や校舎の増築に、委員長や委員として名を連ねている人が、金子賢治、町田孝三郎ら7人いる。また、学務委員が粕川音吉、長谷川長七ら2人、保護役が金子伊平治、長谷川長七ら2人いる。これらのことは、教育に対する重要性を認識し、自ら教育に携わり、物質両面から子どもたちへ援助している姿が浮かんでくる。また、行政職として、学校の管理運営に携わり、より良い学校をつくっていこうとする姿も見られる。

②村の行政に携わった人たち

　渋川利兵衛、金子伊平治、根井行雄、栗原乙衛ら名主5人、北第三大区長1人、区連合戸長4人、村大総代2人、戸長5人、村長3人、戸場役場議員1人、村会議員7人ら村の政治の中核となった人たちが非常に多くいる。こうした人たちを中心にして、土地改良、赤城山の原野の開発計画・開墾・植林に携わったり、年貢の軽減や助郷の軽減に奔走したり、広瀬・桃川水利事業を行っ

たりした。農事指導者として、各地を回り指導した。また、綾戸隧道の開削を完成させたりと、近代日本に向けての村づくり、農林業を通して、村づくりに励んだ。

　この他、高橋敏氏の『近世村落生活文化史序説』によれば、上小出だけでも村役人6人中5人が無満の筆子だと述べているから、他村を加えれば相当数の者が村役人になっていたと想像できる。村の行政を行うことで、南橘地区をはじめとし各地区の近代化を進めた。

③商工業に携わった人たち

　製糸業の振興に努め、製糸愛精社を設立しその経営に携わった者は、金子伊兵治、金子才十郎ら2人。組合製糸を行った者は、関口松太郎1人。呉服商、質屋、酒造業、桶屋、蚕種商等が各1人おり、経済面で活躍した。農業経営や巡回農業移動、肥料の共同購入や化学肥料の使用等、農業経営に力を入れた人たちもいる。ペリー来航時にその対策費として多大な金を寄付した横川傳蔵もいる。

④社寺仏閣に携わった人たち

　社寺仏閣に携わった者として、生方文樹、塩原和中、今井嘉市、高山富蔵ら14人がいる。神社総代4人、寺総代1人、神主2人、官撰神主4人、官撰神主を選んだ者1人、寺の什物取り調べ帳の立会人2人らが社寺仏閣の運営に携わった。そうした中で、官有地を神社に譲与させ、材木などの売買を行ったり、寺の小作米の売買に立ち会ったりし、社寺の財産を蓄えたりした。また、官撰神主は藍澤無満の関係者でもあり、尊王の思想が高い者ばかりである。

日本の国家神道化に向けて協力し、地域づくりに貢献した。

⑤俳諧・詩歌を行った人たち

　作品集に作品と名前が残る人たちは非常に多くいる。俳諧の師匠、俳諧・詩歌の作品などを残した人や他の部門でも名が残されている人たちには、小渕幻亜、生方可交、天野桑古等20人いる。これらの人たちの中に、前述した教師、村役人、寺子屋の師匠などの仕事をした人と多く重なっている。無満の「俳諧を為すも俳諧師たるべからず。詩を作るも詩人たるべからず。詩歌連俳は世の雕蟲小技のみ、玩具のみ英雄の顧みざるところである」の言葉通り、
（ちょうちゅうしょうぎ）
多様なことを行い、自身の生き方や門下生、交友者に影響を与え、維新後の日本の国づくりに役立てた。

⑥その他

　渋川杲庵、町田秀吉ら医家4人、絵師1人が見られる。医家は家業を引き継いでいるが、きちんと先生について修行をしている。名主等と同様に家の金で、筆子を教え、幕末前後の人材を育成し、次の時代に送っている。南橘地区外ではあるが、全財産を筆子のために使い、乞食同然となった師匠もいる。現在の教育形態と一番違うことであるといえる。そうした指導が新しい考え方を持った人たちをつくり出してきており、学問を行った効果の一つである。

　以上のように、分野別に明治維新前後の筆子たちの活躍をまとめてみた。筆子たちの活躍から分かることは、文字を読み書きし、計算を行い、農業の仕方、商売の仕方を理解できなければ、生きにくい時代になってきたことである。村でも社寺でも知識・技能がなければ役立つことができない。人々の

中に入り、躾や礼儀作法がなければ仲間にされなくなる。その知識・技能・礼儀作法は、学制によってつくられた小学校にそのまま通用する事実である。ゼロからの出発でなく、基礎知識を持って、学校に入学した子どもたちは、何も学んでこなかった子どもたちと歴然とした差がついたことであろう。

　寺子屋の師匠たちは、子どもたちの中に、自分の思想や得意な学問、村での生活のことを入れて話をしている。これなどは、ものの考え方、あり方など特に神道や勤王思想的なものの基本が植え付けられている。郷兵組織をつくったり、参加したりすること、従来の神主を罷免し、官撰神主を任命することなどはその代表といえる。

　教育の重要性を認識し、寺子屋を引き継ぎ師匠となった人、学校設立に力を注いだ人、義務教育校の教師・校長や農学校の教師となって子どもたちの指導をした人、教育を自ら行い教育を受けることの大切さを実践した人。これらは小学校教育を発展させる大きな推進力になっている。

　寺子屋で学んだ筆子たちは、行政の長や三役、議員、各村の区長や副区長などになり、村を地域を動かした。学制によっての小学校の設立伺いに多くの筆子が名を連ねた。校舎の増築にも積極的に動いた筆子、学務委員や保護役になって、設立された学校に力を貸して子どもたちの教育を助けた筆子。学校のスムーズな学校運営・管理が行えるように学校教育に力を注いだ筆子。これらの筆子の活躍は、教育の必要性を自ら学んだ寺子屋などの教育がもとになっていたといえる。寺子屋の師匠、筆子たちの活躍は、義務教育制度が根付く力となり、地域の発展に役立ったといえる。寺子屋の閉鎖時期が、明

治初年、明治5年が多く、寺子屋の師匠たちが学校の設立伺いを出していることから、南橘地区をはじめとし多くの地区の寺子屋が小学校に移行していったと思えるが、学制が行われても、寺子屋に通う姿も見られる。義務教育の学校へ通う費用の問題、学校の開設期間など各家庭においての負担が大きくなったことや寺子屋の師匠と筆子たちの人間関係の親密さなどから、学校への拒否反応もあったであろう。師匠と人間関係の濃さを著したものが筆子塚に代表されるものと思われる。

学制後の小学校と年代的に直接つながった寺子屋の関係は次のようになる(84〜85頁)。

細井小学校、桃川小学校は現在に続いている。

| 校名<br>(位置) | 小学区<br>番号 | M<br>6 7 8 9 10 11 12 13 | 14年の<br>学区改正 | M<br>15 16 | 17年の<br>学区改正 | M<br>18 | 19年の<br>学区改正 | M<br>20 21 22 23 24 25 |
|---|---|---|---|---|---|---|---|---|
| 細井<br>(上細井) | 42 | 1.10 (光蓮寺) | 第3学区 | 群馬県<br>第5学区 | 南勢多<br>第2小分校 | 群馬県<br>第12<br>学区 | 南勢多<br>第55尋小 | M20.3<br>細井尋常小学校 |

| 校名<br>(位置) | 小学区<br>番号 | M<br>6 7 8 9 10 11 12 13 14 | 学区<br>改正 | M<br>15 16 17 | 校数<br>指定 | M<br>18 19 | 学区<br>改正 | M<br>20 21 22 23 |
|---|---|---|---|---|---|---|---|---|
| 桃井<br>(日輪寺) | 41 | 12.12 (日輪寺) | 第3学区<br>第4学区 | 新校舎築 | 南勢多<br>第3小分校 | 第14<br>学区 | 第7尋小 | M20.7<br>細井尋常高等小学校 |
| 小出<br>(上小出) | 38 | 9.10 (香集寺) | 第3学区<br>第4学区 | 第6学区 | | | | |
| 田口<br>(田口) | 55 | 1.20 (宝林寺) | 第3学区<br>第4学区 | 第6学区 | 南勢多<br>第3小<br>第2分校 | 第14<br>学区 | 第7尋小<br>分校 | |

細井・桃井小学校の変遷(『前橋市教育史上巻』406〜407頁より)

## 寺子屋の師匠と学校とのつながり

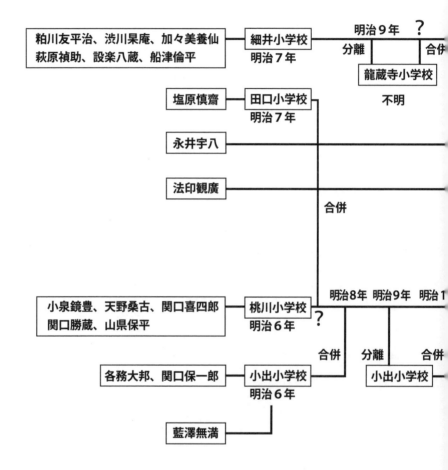

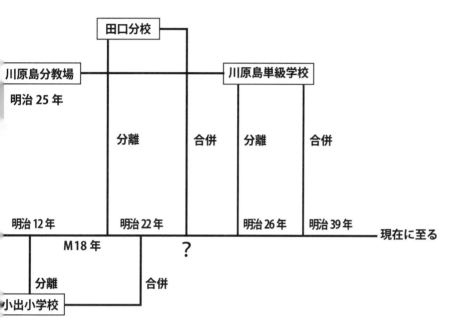

## あとがき

　南橘地区の寺子屋等庶民教育の資料はほとんどない状態であった。群馬県教育会による昭和11年の調査は、場所によって調査に相当な濃淡があって、その当時でも南橘地区の寺子屋・私塾関係は聞き取り調査が難しかったようである。

　それから約80年経った現在では、当時の様子を知る人を探すのは、困難になっている。子孫が分かっても、資料は紛失したり、処分されたり、言い伝えられていることが、残されている記録と違っているものもあった。そういう中で、頼りになったのが、各町村の明治期の旧郷土村誌や昭和の市町村の合併前後に発刊された旧町村誌、郡誌関係の書籍であった。また、『上毛及び上毛人』などの郷土雑誌である。

　南橘地区における寺子屋の数が、昭和11年の調査では14塾、昭和33年の『勢多郡誌』、昭和53年『前橋市史第三巻』では塩原慎齋、天野桑古が増えて16塾、今回の調査で船津倫平、堅者法印観廣が加わって18塾となった。これは一つの成果である。また、南橘地区の庶民教育は、隣接する村々を巻き込んで、学制をスムーズに進行させ、学校教育の基礎を支えた誇りうる教育であったといえる。

　前橋市では、全市域を対象に公民館単位で21のプロジェクトからなる第2期歴史文化遺産活用委員会を発足させた。平成27、28年度の2年度にわたり、各地域の埋もれた歴史遺産を調査・発掘することが目的であった。

南橘地区では、川合功、小池明、片山満秋の3人が委員に委嘱された。3人の協議の結果、これまで述べてきた理由から、寺子屋庶民教育の調査に焦点を当てることにした。調査結果を本書にするに当たり、執筆は川合が担当し、調査・校正及び前橋学センターへの連絡は小池が担当した。残念なことに、片山満秋氏は調査中に逝去された。改めてご冥福をお祈りしたい。

川合　功／かわい・いさお

群馬大学学芸学部卒。上野村、高崎市、前橋市、群馬大教育学部附属等小中学校勤務、前橋市教委社会教育課、文化財保護課、群馬県教委利根教育事務所、中部教育事務所勤務。

小池　明／こいけ・あきら

前橋学市民学芸員

〈参考・引用文献〉

「上小出往来　藍澤無満　嘉永四辛未年新板」
「小六月集　慶応元年9月」
「学校設立伺　小出小・桃川小　明治6年」
「勢多郡南橘村郷土誌　南橘村　明治43年刊」
「白郷井郷土誌　下　明治43年」
「数学家萩原禎助翁　上毛及び上毛人77号　大正12.9.1」
「算盤遺芳　堀口薫治　上毛及び上毛人99号　大正14.7.1」
「群馬郡誌　群馬県群馬郡教育委員会　大正14.10.15」
「群馬県史3巻　群馬県教育委員会　昭和2.6.2」
「上野人物志下　大正年間　岡部福蔵　昭和4、復刻版」
「萩原禎助　漁書漫談　佐藤雲外　上毛及び上毛人169号　昭和6.5.1」
「天野桑古　漁書漫談　佐藤雲外　上毛及び上毛人171号　昭和6.7.1」
「萩原信芳　行餘漫筆　佐藤雲外　上毛及び上毛人188号　昭和7.11」
「萩原信芳　蠹漁の餘業（其一）佐藤雲外 上毛及び上毛人202号 昭和9.2.1」
「蠹漁の餘業（十一）佐藤雲外　上毛及び上毛人213号　昭和10.1.1」
「群馬県庶民教育（寺子屋）調査報告　昭和11年調査　群馬県教育委員会」
「郷土の和算一　丸山清康　上毛文化6巻4号　上毛文化会　昭和16.5.15」
「上毛剣道史年表　下島稚一　上毛文化6巻7号　上毛文化会　昭和16.8.15」
「郷土の和算　丸山清康　上毛文化第6巻4号　昭和16、13」
「二子山考　藍澤無満　上毛文化7巻7号　62号　昭和17.7.15」
「南橘村誌　南橘村教育委員会　昭和30.3.1」
「横野村誌　横野村誌編纂委員会　昭和31.9.10」
「利南村誌　利南村誌編纂委員会　昭和31.10.20」
「勢多郡誌　勢多郡誌編纂委員会　昭和33.3.30」
「群馬の医師　丸山清康著　群馬県医学会　昭和33.12.10」
「敷島村誌　敷島村誌編纂委員会　昭和34.12.13」
「子持村史　子持教育委員会　昭和43.12.15」
「上毛人物譜和算家たち（3）丸山清康 群馬文化88号 群馬文化の会 昭和45.5.15」
「群馬県百年誌上巻　群馬県　昭和46.5.1」
「俳人幻亜の業績とその手紙　群馬文化126号　昭和46.11.15」
「群馬県教育史第一巻　群馬県教育史研究編纂委員会　昭和47.3.10」

「藍澤無庵と其子古厳 角田恵重 群馬文化 139 号 群馬文化の会昭和 48.2.15」
「群馬文化 139 〜 142 号　昭和 48.2.15 〜 49.5.15」
「新里村誌　新里村誌編纂委員会　昭和 49.11.3」
「前橋市史第三巻　前橋市史編纂委員会　前橋市　昭和 50.10.1」
「北橘村誌　北橘村　昭和 50.11.30」
「群馬県人名大事典　上毛新聞社　昭和 51.11.1」
「今井善一郎著作集　昭和 52.1.10」
「上毛古書解題　篠木弘明著　歴史図書　昭和 54.1.25」
「富士見村村誌（続編）富士見村役場　昭和 54.10.1」
「前橋市教育史上巻　前橋市教育史編纂委員会　昭和 61.3.10」
「群馬県史　資料編２１　群馬県史編纂委員会　昭和 62.12.3」
「群馬県の和算家 そろばんの師匠たち 大竹茂雄 上毛新聞社 1988.12.30」
「近世村落生活文化史序説　上野国原之郷村の研究　高橋敏　未来社 1990.7.15」
「村のあれこれ（一）村の歴史シリーズ 11 集　富士見村教育委員会　昭和 45.3.30」
「日本庶民教育史　石川謙　玉川大学出版部　昭和 47.8.20」
「上毛剣術下　上毛剣士総覧 真庭念流その他の諸流　諸田政治　平成 2.6.25」
「新教育大事典　1 巻、3 巻、6 巻　第一法規　平成 2.7.31」
「勢多史帖　柳井久雄　みやま文庫　平成 5.3.30」
「黒保根村誌一　黒保根村史誌観光委員会会長　黒保根村長　平成 9.3.31」
「桂萱村誌　桂萱地区自治会連合会　平成 18.1.30」
「前橋市域にある筆子塚の調査報告書　見学の手引き　片貝高四郎　平成 3.5.27」
「カネコ種苗 60 年史　金子種苗　平成 21.5.21」
「細井小学校沿革史」
「桃川小学校沿革史」

前橋学ブックレット

## 創刊の辞

　前橋に市制が敷かれたのは、明治25年（1892）4月1日のことでした。群馬県で最初、関東地方では東京市、横浜市、水戸市に次いで4番目でした。
　このように早く市制が敷かれたのも、前橋が群馬県の県庁所在地（県都）であった上に、明治以来の日本の基幹産業であった蚕糸業が発達し、我が国を代表する製糸都市であったからです。
　しかし、昭和20年8月5日の空襲では市街地の8割を焼失し、壊滅的な被害を受けました。けれども、市民の努力によりいち早く復興を成し遂げ、昭和の合併と工場誘致で高度成長期には飛躍的な躍進を遂げました。そして、平成の合併では大胡町・宮城村・粕川村・富士見村が合併し、大前橋が誕生しました。
　近現代史の変化の激しさは、ナショナリズム（民族主義）と戦争、インダストリアリズム（工業主義）、デモクラシー（民主主義）の進展と衝突、拮抗によるものと言われています。その波は前橋にも及び、市街地は戦禍と復興、郊外は工業団地、住宅団地などの造成や土地改良事業などで、昔からの景観や生活様式は一変したといえるでしょう。
　21世紀を生きる私たちは、前橋市の歴史をどれほど知っているでしょうか。誇れる先人、素晴らしい自然、埋もれた歴史のすべてを後世に語り継ぐため、前橋学ブックレットを創刊します。
　ブックレットは研究者や専門家だけでなく、市民自らが調査・発掘した成果を発表する場とし、前橋市にふさわしい哲学を構築したいと思います。
　前橋学ブックレットの編纂は、前橋の発展を図ろうとする文化運動です。地域づくりとブックレットの編纂が両輪となって、魅力ある前橋を創造していくことを願っています。

前橋市長　山本　龍

前橋学ブックレット⑮

| 南橘地区の筆子塚からみる庶民教育 |

発 行 日／2018年12月28日 初版第1刷

企　　　画／前橋学ブックレット編集委員会
編　　　著／南橘地区歴史文化遺産活用委員編
　　　　　　〒371-8601　前橋市大手町2-12-9　tel 027-898-6994
発　　　行／上毛新聞社事業局出版部
　　　　　　〒371-8666　前橋市古市町1-50-21　tel 027-254-9966

Ⓒ Jomo Press 2018 Printed in Japan

禁無断転載・複製
落丁・乱丁本は送料小社負担にてお取り換えいたします。
定価は表紙に表示してあります。
ISBN 978-4-86352-225-1

ブックデザイン／寺澤　徹（寺澤事務所・工房）

## 前橋学ブックレット〈既刊案内〉

❶ **日本製糸業の先覚 速水堅曹を語る**（2015年）
石井寛治／速水美智子／内海 孝／手島 仁
ISBN978-4-86352-128-5

❷ **羽鳥重郎・羽鳥又男読本 —台湾で敬愛される富士見出身の偉人—**（2015年）
手島 仁／井上ティナ（台湾語訳）
ISBN978-4-86352-129-2

❸ **剣聖 上泉伊勢守**（2015年）
宮川 勉
ISBN978-4-86532-138-4

❹ **萩原朔太郎と室生犀星 出会い百年**（2016年）
石山幸弘／萩原朔美／室生洲々子
ISBN978-4-86352-145-2

❺ **福祉の灯火を掲げた 宮内文作と上毛孤児院**（2016年）
細谷啓介
ISBN978-4-86352-146-9

❻ **二宮赤城神社に伝わる式三番叟**（2016年）
井野誠一
ISBN 978-4-86352-154-4

❼ **楫取素彦と功徳碑**（2016年）
手島 仁
ISBN 978-4-86352-156-8

❽ **速水堅曹と前橋製糸所 —その「卓犖不羈」の生き方—**（2016年）
速水美智子
ISBN 978-4-86352-159-9

❾ **玉糸製糸の祖 小渕しち**（2016年）
古屋祥子
ISBN 978-4-86352-160-5

❿ **下馬将軍 酒井雅楽頭の菩提寺 龍海院**（2017年）
井野修二
ISBN 978-4-86352-177-3

⓫ **ふるさと前橋の刀工 —古刀期〜近現代の上州刀工概観—**（2017年）
鈴木 叡
ISBN 978-4-86352-185-8

⓬ **シルクサミット in 前橋 —前橋・熊本・山鹿・宇都宮・豊橋—**（2017年）
前橋学センター編
ISBN 978-4-86352-189-6

⓭ **老農・船津伝次平の養蚕法**（2017年）
田中 修
ISBN 978-4-86352-193-3

⓮ **詩のまち 前橋**
久保木 宗一
ISBN 978-4-86352-215-2

各号 定価：本体600円＋税